PUBLICATIONS SCIENTIFIQUES ET INDUSTRIELLES DE E. LACROIX

ÉTUDE COMPARATIVE
DE
DIVERS SYSTÈMES
DE
PONTS EN FER

PAR

JULES GAUDARD

INGÉNIEUR CIVIL.

PARIS

LIBRAIRIE SCIENTIFIQUE, INDUSTRIELLE ET AGRICOLE

Eugène LACROIX, Éditeur

LIBRAIRE DE LA SOCIÉTÉ DES INGÉNIEURS CIVILS

15, QUAI MALAQUAIS

1865

ÉTUDE COMPARATIVE

DE

DIVERS SYSTÈMES

DE

PONTS EN FER

Corbeil. — Imprimerie de Crété.

PUBLICATIONS SCIENTIFIQUES ET INDUSTRIELLES DE E. LACROIX

ÉTUDE COMPARATIVE

DE

DIVERS SYSTÈMES

DE

PONTS EN FER

PAR

JULES GAUDARD

INGÉNIEUR CIVIL

PARIS

LIBRAIRIE SCIENTIFIQUE, INDUSTRIELLE ET AGRICOLE

Eugène LACROIX, Éditeur

LIBRAIRE DE LA SOCIÉTÉ DES INGÉNIEURS CIVILS

15, QUAI MALAQUAIS

1865

AVANT-PROPOS

Le poids d'un pont métallique ne dépend pas seulement de la portée et de la largeur du tablier, ou bien du nombre des voies s'il s'agit d'un chemin de fer. D'autres conditions ou dispositions influent d'une manière marquée sur le prix de revient : tels sont l'épaisseur disponible, le nombre et la forme des poutres, etc. Pour servir de base à des estimations rapides, propres à guider dans la rédaction des projets, il faudrait posséder des données relatives à des circonstances très-variées ; mais une compilation de poids connus d'ouvrages exécutés n'atteint qu'imparfaitement le but, car la question, déjà complexe en elle-même, s'y trouve embarrassée d'éléments nouveaux et arbitraires qui faussent les rapprochements. Une comparaison approfondie des systèmes ne semble pouvoir être fondée que sur l'emploi des formules théoriques appliquées à des ouvrages offrant des conditions variées, mais conçus tous dans un même esprit, calculés pour travailler à des coefficients identiques, et affranchis d'accessoires inutiles. C'est une étude de ce genre que nous avons voulu tenter.

Une poutre métallique se compose de deux éléments principaux : les semelles ou tables, ordinairement droites et horizontales, dont le poids diminue quand la hauteur de la poutre augmente, — et la paroi verticale ou âme, qui au contraire augmente de poids, principalement à cause de la difficulté qu'on éprouve à lui conserver la rigidité nécessaire à mesure que la hauteur s'élève. Les meilleurs systèmes sont ceux où cette rigidité s'obtient à peu de frais, et qui par là permettent l'adoption de grandes hauteurs. Nous avons affecté le poids des tables et de la paroi de coefficients distincts, pour tenir compte soit des couvre-joints, soit de renforcements de section propres à augmenter la raideur des pièces comprimées, soit de divers autres excédants de matière inévitables dans l'exécution. La discussion d'un certain nombre de projets a servi à assigner des valeurs moyennes à ces coefficients, et en même temps à éclaircir les formules donnant le poids des poutres. Nous avons préféré de simples projets choisis à des dessins d'ouvrages exécutés, qui n'eussent pas complétement répondu au but que nous nous proposions. Pour les pièces secondaires, entretoises, longerons, etc., nous avons donné un nombre suffisant de types, accompagnés d'indications de poids. L'emploi des formules que nous avons posées conduira à des résultats fort exacts si l'on a soin de discuter attentivement dans chaque cas la valeur à donner aux coefficients d'après les dispositions que l'on se propose d'adopter. Mais pour les évaluations à vue de ponts à travée unique, nous sommes allé plus avant, en préjugeant la valeur des coefficients et le rapport de la hauteur à la portée, et en donnant des poids tout calculés, basés sur ces données approximatives. Les résultats ainsi obtenus font ressortir l'avantage que procurent la réduction du nombre des poutres et les grandes hauteurs ; quant à la constitution de la paroi, l'âme pleine est le système le plus coûteux, au moins pour les poutres de quelque importance, puis viennent les treillis multiples, les triangulations simples, les croisillons ; enfin la forme en bow-string autorise encore une plus grande légèreté, mais il faut dans chaque cas s'assurer si elle ne rachète pas cet avantage par la complication dans l'exécution.

Les ponts à plusieurs travées peuvent être soumis directement à des calculs analogues; mais nous nous sommes borné, en ce qui les concerne, à quelques remarques générales.

Enfin, comme appendice, nous donnons des éléments d'estimation de viaducs en maçonnerie, ouvrages qu'on est quelquefois conduit à étudier concurremment avec des ponts en fer, bien que le choix puisse être influencé par d'autres considérations que la dépense de premier établissement.

DÉSIGNATIONS GÉNÉRALES

M = moment de rupture, ou moment de résistance qui lui est égal ;

F = effort tranchant ;

R = résistance admise par mètre carré (6 000 000 pour la traction ou la compression, 4 000 000 pour le cisaillement) (V. n° 18) ;

p = charge continue permanente par mètre courant de poutre ;

p' = — mobile — ;

q = rapport $\frac{p'}{p+p'}$ de la charge mobile à la charge totale ;

P désigne tantôt un poids distinct appliqué en un certain point d'une poutre, tantôt le poids de la poutre elle-même pour une longueur égale à la portée ;

l = portée de la poutre ;

L = longueur totale de la poutre ;

$\frac{P}{l}$ = poids moyen du mètre courant de poutre (V. n° 37) ;

$\frac{PL}{l}$ = poids total de la poutre ;

d = ouverture libre entre culées ;

$\frac{PL}{ld}$ = poids de la poutre par mètre courant d'ouverture libre ;

δ = intervalle compris entre deux points successifs d'application de la charge, dans les poutres chargées d'une manière discontinue ;

$N = \frac{l}{\delta}$;

$m = \frac{l}{2\delta}$ ou $\frac{l-\delta}{2\delta}$ selon que δ entre un nombre pair ou impair de fois dans l ;

n = nombre indiquant le rang d'un tronçon de table ou d'une barre de treillis, le numérotage partant du milieu de la portée ;

α = angle d'inclinaison des contre-fiches sur l'horizon ;

β = — des tirants sur l'horizon ;

h = hauteur de la poutre ;

t = poids du mètre courant d'un prisme capable de supporter un effort de 1 kilogr., ou rapport du poids du mètre cube à la résistance par mètre carré. Pour le fer

$$t = \frac{7\,800^{k}}{6\,000\,000} = 0{,}0013\,;$$

U = coefficient appliqué aux tables ou semelles, dont le poids effectif s'élève toujours plus haut que le poids théorique (V. n°s 63 et suiv.) ;

V = coefficient moyen de raideur appliqué aux barres comprimées. (V. n°s 68 et suiv.);

Ω = terme supplémentaire tenant compte du poids de divers accessoires indépendants de h.

Les dimensions d'un fer plat se désignent par le symbole a/b, les lettres a et b étant remplacées par des nombres indiquant respectivement la largeur et l'épaisseur de la section; — pour une cornière, on écrit $a/b/c$ ou $\frac{a/b}{c}$, a et b étant les largeurs des branches et c l'épaisseur moyenne; — pour un *té* simple : $\frac{a/b}{c/d}$, a étant la largeur totale de la double branche et c son épaisseur, b la longueur de la simple branche (compris l'épaisseur c) et d son épaisseur — pour un double *té* laminé : $\frac{a/b}{c/d}$, a étant la hauteur totale, c l'épaisseur de l'âme, b la largeur des semelles et d leur épaisseur; — enfin, pour un double *té* composé en tôle et cornières, on indique successivement les dimensions de l'âme, de l'une des quatre cornières et de l'une des semelles.

Dans le cas de cornières à branches inégales, c'est la petite branche qui s'applique sur la tôle et porte les rivures, tandis que la grande forme les nervures saillantes ou les semelles.

N. B. — Les figures explicatives de la planche A sont numérotées en chiffres ordinaires, les dessins des planches 1 à 8 en chiffres romains.

FIN DES DÉSIGNATIONS GÉNÉRALES.

ÉTUDE COMPARATIVE

DE DIVERS SYSTÈMES

DE PONTS EN FER

CHAPITRE PREMIER

MOMENTS DE RUPTURE ET EFFORT TRANCHANT POUR DES POUTRES SIMPLEMENT POSÉES SUR DEUX APPUIS.

1. — Considérons (*fig.* 1) une portion ABCD de poutre, comprise entre une section quelconque CD et un appui B, et soumise à diverses charges ou forces verticales telles que P. La réaction de la culée est une force R, également verticale. Les réactions exercées en CD peuvent se réduire à une force F et à un couple. Les autres forces étant verticales, il faut que F le soit également : il fait équilibre à l'*effort tranchant* vertical dans la section considérée, effort dont la valeur est $F = R - \Sigma P$, le signe Σ indiquant une somme. Ensuite la condition d'équilibre relative aux moments des forces exige que le moment du couple, ou *moment de résistance* de la section CD, soit égal au moment des autres forces par rapport à cette même section. Ce dernier moment, dit *moment de rupture* ou *moment fléchissant*, a pour valeur $M = Rx - \Sigma P(x - x_1)$. Sa dérivée $\frac{dM}{dx} = R - \Sigma P =$ effort tranchant.

La paroi verticale, ou âme de la poutre, est en outre soumise à des *efforts de glissement* entre les fibres longitudinales, ou efforts tranchants horizontaux. En effet, si l'on considère le fragment COO'C', limité par deux sections infiniment voisines CO, C'O', et par une fibre horizontale OO', ce fragment est soumis sur CO à une certaine pression T, et sur C'O' à $T + dT$; la résultante dT doit être équilibrée par une force d'adhérence R_1edx sur OO' ($e =$ épaisseur de l'âme, $R_1 =$ résistance au cisaillement). Le maximum de cette action a lieu quand OO' vient sur l'axe neutre, car alors T comprend les efforts de toutes les fibres comprimées, situées au-dessus de cet axe. Comme la table ou semelle a une section ordinairement plus grande que l'âme, et qu'en outre elle contient les fibres les plus fatiguées, la résultante T aura son point d'application très-près de la table et sa valeur sera approximativement égale au moment de rupture M divisé par la hauteur h de la poutre. Par suite on aura $dT = \frac{dM}{h} = R_1 e dx$, d'où $e = \frac{dM}{dx} \cdot \frac{1}{R_1 h} = \frac{F}{R_1 h}$, ce qui peut s'exprimer en disant que la section verticale eh de l'âme doit être capable de résister à une force de cisaillement égale à l'effort tranchant, condition qui sert à calculer l'épaisseur e.

2. — **Moment de rupture et effort tranchant dus à une charge uniformément répartie.** — Si la charge p par mètre courant s'étend sur la portée entière l, le lieu des moments de rupture sera la parabole $M = \frac{1}{2} px(l-x)$, les abscisses étant comptées à partir de la culée. Cette parabole a son axe vertical, et son paramètre a pour valeur $\frac{2}{p}$; le moment maximum, au milieu de la portée, est $\frac{pl^2}{8}$. L'effort tranchant est représenté par la droite ayant pour équation $F = p\left(\frac{l}{2} - x\right)$; il est nul au milieu de la portée. En prenant l'origine des coordonnées au milieu de la poutre, on aurait $M = \frac{p}{2}\left(\frac{l^2}{4} - x'^2\right)$ et $F = -px'$.

3. — Soit maintenant une surcharge p' par mètre courant, uniformément répartie comme p, mais ne s'étendant que sur une portion de la portée, comprise entre les abscisses fixes $x = a$ et $x = a + b$, à partir de la culée gauche. Alors, dans le premier intervalle, de longueur a, le moment de rupture dû à p' sera représenté par une droite $M = \frac{p'b}{2l}(2l - 2a - b)x$; dans le second intervalle, de longueur b, par un arc de parabole tangent à la droite précédente, et exprimé par $M = \frac{p'b}{2l}(2l - 2a - b)x - \frac{1}{2}p'(x-a)^2$; enfin, dans le troisième intervalle, de longueur $l - a - b$, par une nouvelle tangente à la parabole, savoir $M = \frac{p'b(2a+b)}{2l}(l-x)$. Le lieu des efforts tranchants est une ligne brisée, dont les parties extrêmes sont horizontales.

Pour le maximum du moment de rupture, il faut que p' s'étende sur la portée entière; mais pour le maximum de l'effort tranchant au point dont l'abscisse est x, il faut que p' ne règne qu'entre ce point et l'appui le plus éloigné. S'il règne entre le point considéré et la culée droite, l'effort tranchant est positif, en considérant comme positives les forces qui agissent de bas en haut; il s'exprime par $F = \frac{p'}{2l}(l-x)^2$, et se représente en conséquence par un arc de parabole dont l'ordonnée sur l'appui gauche est $AC = \frac{p'l}{2}$ (*fig.* 2), l'ordonnée au milieu $OE = \frac{p'l}{8}$, et l'ordonnée en B nulle; ce dernier point est le sommet de la parabole. Lorsque au contraire on place la surcharge sur la longueur comprise entre A et le point dont l'abscisse est x, on a pour le lieu des efforts tranchants, alors négatifs, une autre parabole AFD, ayant son sommet en A, et dont l'ordonnée maximum en valeur absolue est $-BD = -\frac{p'l}{2}$. Ainsi la surcharge p', en se déplaçant, engendre en chaque point de la portée des efforts tranchants tantôt positifs, tantôt négatifs.

4. — En résumé, si l'on a à la fois une charge morte p, et une charge mobile p', le moment de rupture maximum sera $M = \frac{1}{2}(p+p')x(l-x)$, et l'effort tranchant dans la demi-travée gauche $F = \frac{1}{2}(p+p')(l-2x) + \frac{p'x^2}{2l} = \frac{1}{2}(p+p')(l-2x+\frac{x^2}{l}q)$, q désignant le rapport de la charge mobile p' à la charge totale $p+p'$.

L'aire comprise entre le lieu des moments de rupture et l'axe des x a pour valeur $\frac{1}{12}(p+p')l^3$, et *l'aire des efforts tranchants maximums* en valeur absolue est égale à $\frac{1}{4}(p+p')l^2\left(1+\frac{1}{6}q\right)$ pour la portée entière. En divisant ces aires par l, on aurait les ordonnées moyennes des moments de rupture et des efforts tranchants maximums.

Quelquefois les efforts de certaines pièces ne dépendent pas exclusivement de F ou de M, mais d'une *fonction de la forme* $BF - AM$. Or, en ne considérant que p', cette fonction sera le plus grande possible lorsque p' s'étendra entre le point considéré et la culée la plus éloignée : elle atteindra alors la valeur $\frac{p'(l-x)^2}{2l}(B - Ax)$.

5. — **Effet de charges uniformément distribuées à certains intervalles.** — Lorsqu'une poutre supporte des poids discontinus, P, P', P'',..... appliqués en des points ayant pour abscisses successives a, $a+b$, $a+b+c$,....., et tels que $P = \frac{1}{2}p(a+b)$, $P' = \frac{1}{2}p(b+c)$,..... etc., le lieu des moments de rupture est un polygone inscrit à la parabole qui correspondrait à une charge p par mètre courant, répartie uniformément sur tous les éléments de la poutre.

Supposons les intervalles extrêmes égaux chacun à a, tous les intervalles intermédiaires à δ, et $l = 2a + N\delta$; les poids permanents appliqués aux points de division seront égaux à $p\delta$, sauf aux points extrêmes où ils seront $\frac{1}{2}p(a+\delta)$. La surcharge p' fournira des poids analogues, mais qui peuvent n'exister que sur un certain nombre de points de division consécutifs. L'effort tranchant, pour une charge donnée, est constant dans chaque intervalle, mais varie de l'un à l'autre. Pour qu'il soit maximum dans l'intervalle qui précède le point ayant pour abscisse $a + k\delta$, il faut que la surcharge soit appliquée à ce point et à tous ceux qui le suivent jusqu'à la culée droite, le point considéré étant supposé à gauche du milieu de la poutre. On obtient ainsi pour ce maximum

$$F = \frac{\delta}{2}(p+p')(N-2k+1)\left[1+\frac{k(k-1)\delta^2 + a(2k\delta - \delta + a)}{\delta(N\delta+2a)(N-2k+1)}q\right];$$

mais cette formule ne s'applique pas lorsque k est nul, c'est-à-dire pour l'intervalle extrême; on a alors $F = \frac{1}{2}(p+p')(N\delta + a)$.

6. — Ordinairement tous les intervalles sont égaux entre eux. Faisant donc a nul, et $l = N\delta$, on aura $F = \frac{\delta}{2}(p + p')(N - 2k + 1)\left(1 + \frac{k(k-1)}{N(N-2k+1)}q\right)$ pour valeur de l'effort tranchant maximum dans l'intervalle compris entre les abscisses $(k - 1)\delta$ et $k\delta$. Cette formule reste vraie pour le premier intervalle.

Pour avoir la somme des valeurs de l'effort tranchant dans tous les intervalles, il faut, si N est pair, sommer l'expression précédente où k prend les valeurs entières successives 1, 2,.... $\frac{N}{2}$, puis, doubler le résultat pour qu'il s'applique à la portée entière. On obtient ainsi $\Sigma F = (p + p')\frac{Nl}{4}\left[1 + \frac{N^2 - 4}{6N^2}q\right]$, et en multipliant par δ, on aurait *l'aire du lieu polygonal en gradins des efforts tranchants maximums* considérés en valeur absolue. Si N est impair, on somme en supposant que k varie de 1 à $\frac{N-1}{2}$, on double, puis on ajoute l'effort tranchant de l'intervalle milieu, effort répondant à $k = \frac{N+1}{2}$. On obtient alors $\Sigma F = (p + p')\, l\, \frac{N^2 - 1}{4N}\left(1 + \frac{1}{6}q\right)$.

L'aire du lieu polygonal des moments de rupture peut s'obtenir en retranchant de l'aire de la parabole circonscrite N petits segments dont les cordes ont chacune δ pour projection horizontale et dont les surfaces ont la valeur constante $\frac{1}{12}(p + p')\delta^3$. On trouve ainsi pour l'aire cherchée :

$$(p + p')l^3\frac{N^2 - 1}{12N^2},$$

formule qui s'applique aussi bien à N pair qu'à N impair. — On aurait $\frac{1}{12}(p + p')(l^3 - N\delta^3 - 2a^3)$ dans le cas plus général où $l = 2a + N\delta$.

7. — Si l'on a à considérer une *expression de la forme* BF — AM, où M désigne le moment de rupture par rapport au point dont l'abscisse est $k\delta$, et F l'effort tranchant dans l'intervalle qui précède ce point, on la rendra un maximum en appliquant la surcharge au point dont l'abscisse est $k\delta$ et aux points de division suivants jusqu'à la culée droite, $k\delta$ étant supposé moindre que $\frac{l}{2}$. On obtient ainsi la valeur maxima $\frac{p'\delta}{2N}(N - k)(N - k + 1)(B - Ak\delta)$, non compris le terme dû à la charge permanente. Si au contraire F était l'effort tranchant après le point dont l'abscisse est $k\delta$, il faudrait pour le maximum supprimer la surcharge en ce point, et l'on aurait $\frac{p'\delta}{2N}(N - k)(N - k - 1)(B - Ak\delta)$.

Si l'expression considérée était de la forme BF — AM — A'M', M étant le moment au point dont l'abscisse est $k\delta$, M' celui au point précédent dont l'abscisse est $(k - 1)\delta$, et F l'effort tranchant entre ces deux points, cette expression aurait pour max. $\frac{p'\delta}{2N}(N - k)(N - k + 1)[B - Ak\delta - A'(k - 1)\delta]$.

8. — **Moments de rupture produits par le passage d'une roue.** — Un

poids distinct P qui serait appliqué au point fixe dont l'abscisse est a, à partir de la culée, produirait des moments fléchissants dont le lieu serait composé de deux droites partant des points d'appui, et se rencontrant à l'aplomb du point chargé, où l'ordonnée atteint la valeur maxima $\frac{Pa(l-a)}{l}$.

Mais si ce poids P est une roue mobile qui circule tout le long de la portée, le moment maximum en un point quelconque se produira lorsque la roue passera sur ce point, et le lieu des moments maximums sera la parabole ayant pour équation $M = \frac{Px(l-x)}{l}$, et pour paramètre $\frac{l}{P}$.

Si la poutre supporte en outre une charge uniforme p par mètre courant, il suffit de remplacer dans l'équation précédente P par $P + \frac{pl}{2}$.

Mais la parabole représentative des moments dus à P n'est qu'idéale, en ce sens qu'à un instant donné il n'existe en réalité qu'un seul de ses points, celui que détermine l'ordonnée au droit de la charge ; et le lieu effectif des moments de rupture à cet instant est la ligne brisée dont on a parlé en commençant. Aussi l'effort tranchant n'est nullement la dérivée de la parabole, mais l'inclinaison de l'une ou de l'autre des droites composant la ligne brisée, suivant qu'on veut avoir l'effort tranchant avant ou après la section considérée.

9. — **Moments de rupture produits par deux roues.** — Les deux roues occupant une position déterminée, le lieu effectif des moments de rupture est une ligne brisée composée de trois droites. Mais pour avoir en un point donné le moment maximum qui puisse se produire, il faut y amener l'une des roues du chariot, l'autre roue se déplaçant de manière que leur entr'axe d reste constant. Si c'est la roue de gauche P qui vient sur le point dont l'abscisse est x, le moment de rupture sera

$$M = \frac{x}{l}[Q(l-x) - P'd]$$

Q représentant la quantité $P + P' + \frac{pl}{2}$, dans l'hypothèse où la poutre supporte en outre une charge permanente p par mètre courant.

Si c'est au contraire P′ que l'on amène sur la section considérée, la roue P reculant à gauche, on aura :

$$M' = \frac{x}{l}[Q(l-x) + Pd] - Pd.$$

La première équation donnera une plus grande valeur que la seconde tant que x sera $< \frac{Pl}{P+P'}$; au delà de cette limite, il faudra prendre la deuxième équation.

Ces deux équations représentent deux paraboles ACE, BFE (*fig.*, 3) de même paramètre $\frac{l}{Q}$, et ayant leurs axes verticaux. Mais si la roue de gauche P est plus lourde que la roue de droite P′, la parabole ACE produite en amenant la roue P au point dont l'abscisse est x, descendra plus bas que l'autre parabole. Or, quand le chariot reviendra en sens inverse, après avoir été retourné, il faudra reproduire symétriquement les deux paraboles, et alors c'est la courbe ACE et sa symétrique qui fourniront les plus grandes ordonnées, de sorte qu'il faudra laisser de côté la deuxième équation.

Une autre observation à faire, c'est que l'équation des paraboles suppose les roues agissant toujours toutes deux, alors même que l'une d'elles vient à passer au delà de l'appui, auquel cas elle reposerait non plus sur la travée, mais sur son prolongement. Or, comme la poutre est supposée terminée à l'appui, la courbe ne doit plus s'appliquer une fois que l'une des roues sort de la travée : c'est alors la parabole ACFB due à une roue unique qu'il faut considérer vers le milieu de la portée. Elle ne s'applique que si l'entr'axe d des roues excède la demi-portée ; et en supposant cette condition remplie, on obtient les diverses valeurs cotées sur la figure.

Si avec une certaine section la poutre n'offre qu'un moment de résistance μ insuffisant dans les parties les plus fatiguées, il faudra renforcer les semelles sur une longueur $\frac{1}{Q}\left(P'd + \sqrt{(Ql - p'd)^2 - 4Ql\mu}\right)$, à la condition que cette valeur soit plus grande que $2d - l$. Dans le cas contraire, la longueur théorique du renfort serait égale à $\sqrt{\frac{Pl^2 - 4l\mu}{P}}$.

10. — Lorsque les deux roues du chariot sont égales entre elles, le moment maximum a lieu à l'abscisse $\frac{2P(2l - d) + pl^2}{2(4P + pl)}$, et a pour valeur $\frac{[2P(2l - d) + pl^2]^2}{8l(4P + pl)}$.

11. — **Moments de rupture dus à trois roues.** — Soient en allant de gauche à droite, P, P′, P″ les poids des trois roues, et d, d' leurs entr'axes constants.

Il y a trois lieux de moments de rupture à considérer pendant le roulement du chariot, et chacun de ces lieux se compose de trois arcs paraboliques, les équations changeant lorsqu'une roue ou deux sortent de la portée.

1° *Lieu des moments obtenus en amenant P″ sur la section variable considérée.*

Posons $P + P' + \frac{pl}{2} = Q$, $P' + P'' + \frac{pl}{2} = Q'$ et $P + P' + P'' + \frac{pl}{2} = Q''$.

De $x = 0$ à $x = d'$, P″ agit seul et donne $M = \frac{x}{l}(l - x)\left(P'' + \frac{pl}{2}\right)$;

De $x = d'$ à $x = d + d'$ on a $M = \frac{x}{l}[Q'(l - x) + P'd'] - P'd'$;

Et enfin de $x = d + d'$ à $x = l$, $M = \frac{l - x}{l}[Q''x - (P + P')d' - Pd]$.

2° *Lieu des moments obtenus en amenant P′ sur la section.*

De $x = 0$ à $x = d$, on a $M = \frac{x}{l}[Q'(l - x) - P''d']$;

De $x = d$ à $x = l - d'$, $M = \frac{x}{l}[Q''(l - x) + Pd - P''d'] - Pd$;

De $x = l - d'$ à $x = l$, $M = \frac{x}{l}[Q(l-x) + Pd] - Pd$.

3° *Lieu des moments obtenus en amenant P sur la section*

De 0 à $x = l - d - d'$, $M = \frac{x}{l}[Q''(l-x) - (P' + P'')d - P''d']$;

De $x = l - d - d'$ à $x = l - d$, $M = \frac{x}{l}[Q(l-x) - P'd]$;

Et enfin de $x = l - d$ à $x = l$, $M = \frac{x}{l}(l-x)(P + \frac{pl}{2})$.

Toujours le paramètre de chaque parabole est la quantité réciproque de la charge moyenne par mètre courant, mais en ne comptant que la moitié de la charge uniformément répartie p.

Ces trois lieux géométriques étant construits, on ne considérera chacun d'eux que dans la portion où il donne des ordonnées plus grandes que les autres; et comme le chariot peut être retourné, on reproduira symétriquement les courbes maxima, ce qui éliminera toujours, s'ils ne l'étaient déjà, les cas d'une roue unique exprimés par la première et la dernière des neuf équations ci-dessus.

12. — **Cas particulier.** — Si le chariot est tourné de manière que $P > P'' + P'\frac{d-d'}{d+d'}$, il suffira de considérer la première moitié de la poutre. Si de plus $l - d - d'$ surpasse chacune des quantités, d, d', et $\frac{P(d+d')}{P'+P''}$ il n'y aura lieu de considérer que la septième et la cinquième des neuf équations, la septième entre les abscisses 0 et $\frac{Pl}{P+P'+P''}$, et la cinquième entre cette dernière abscisse et le milieu de la poutre. Une poutre dont la section simple n'aurait qu'un moment de résistance μ inférieur au moment de rupture maximum, devrait être renforcée sur une longueur exprimée par

$$\frac{P''(d+d') + P'd}{Q''} + \frac{1}{Q''}\sqrt{[Q''l - P''(d+d') - P'd]^2 - 4Q''l\mu}$$

à la condition que cette longueur excédât $\frac{P' + P'' - P}{P + P' + P''}l$. Dans le cas contraire, la longueur théorique du renfort serait :

$$\frac{Pd - P''d'}{Q''} + \frac{1}{Q''}\sqrt{(Q''l + Pd - P''d')^2 - 4Q''l(\mu + Pd)}.$$

Le moment maximum a pour valeur :

$$\frac{1}{4}\left[Q''l - 2Pd - 2P''d' + \frac{(Pd - P''d')^2}{Q''l}\right].$$

Par exemple, pour $l = 6^m$, $P = P' = P'' = 6000^k$, $p = o$, $d = 1^m,40$.

$d' = 1^m,90$, le moment maximum sera 17 120, égal à celui que donnerait une charge uniformément répartie de 3 800^k par mètre courant.

CHAPITRE II

MOMENTS DE RÉSISTANCE DE POUTRES A AME PLEINE.

13. — **Poutres à semelles symétriques.** — Pour les poutres de faible hauteur, le moment de résistance se calcule par la *formule exacte* $\frac{R}{6h}(bh^3 - b'h'^3 - b''h''^3 - b'''h'''^3)$ (*fig.* 4). Les tableaux n^{os} I et II donnent les moments tout calculés de diverses sections. Une partie de ces résultats a été empruntée à des tableaux plus étendus publiés par M. Foy dans les *Annales de la construction* de M. Oppermann, année 1863. On a supposé $R = 6\,000\,000$, ainsi qu'on le fait habituellement; mais il est bien facile par une simple proportion de modifier ces résultats, si l'on voulait donner à R une autre valeur. Lorsqu'une section du tableau sera trop faible ou trop forte pour la poutre que l'on projette, on modifiera soit l'épaisseur des semelles, soit celle de l'âme, en admettant que chaque millimètre ajouté ou retranché sur celle-ci augmente ou diminue le moment d'une quantité $= 1\,000h^2$; et que chaque millimètre pris sur l'épaisseur de chacune des deux semelles produit une altération de $6\,000\,bh$.

14. — Lorsque la poutre n'est pas très-basse, le moment de résistance peut se calculer rapidement par une *formule approximative*. Avec les notations de la figure 4, le moment de résistance des tables horizontales, abstraction faite de l'âme et des cornières, a pour valeur exacte $Rb\,\frac{h^3 - h'^3}{6h} = M$; mais si l'on prend $M' = Rbh'.\,\frac{h - h'}{2} = Rsh'$, s étant la section de l'une des plates-bandes, on aura $\frac{M'}{M} = \frac{3hh'(h - h')}{h^3 - h'^3}$. Par exemple, si h' est au moins les 0,8 de h, ce qui est toujours le cas lorsque la poutre est un peu haute, le rapport $\frac{M'}{M}$ sera encore égal à 0,983, ce qui diffère à peine de l'unité.

Comme h' diffère peu de h, on peut regarder le moment de résistance de l'âme d'épaisseur e, comme égal à $Re\,\frac{h'^2}{6}$ ou $\frac{1}{6}\,Rs'h'$, s' étant la section eh'. Ainsi, cette paroi verticale ne donne qu'un moment de résistance égal au $\frac{1}{3}$ de celui que posséderait une même quantité de matière partagée également entre les deux plates-bandes.

Enfin, pour les cornières, en se limitant aux modèles $\frac{80/80}{10}$ et $\frac{100/100}{12}$, on pourra se servir du tableau n° III qui donne les moments de résistance tout calculés de quatre cornières (deux en haut, deux en bas), en admettant que R atteigne la valeur 6 000 000 dans les fibres situées aux extrémités de la hauteur h'. Pour d'autres modèles, on pourra simplement réduire les valeurs du tableau dans le rapport du poids des cornières : ainsi, pour des cornières de $\frac{100/100}{15}$, on ajouterait le $\frac{1}{4}$ en sus de la valeur donnée par le tableau pour celles de $\frac{100/100}{12}$. Enfin, si la hauteur est un peu grande, on se dispensera de considérer à part les cornières, et on les fera entrer dans la section s de la table.

Soit par exemple une poutre de $0^m,80$ de hauteur totale, composée d'une âme de 700/12 millim., de quatre cornières de $\frac{80/80}{10}$, et de deux semelles de 300/50. On a $h' = 0,70$, $s + \frac{1}{6} s' = 0,0164$, et par suite :

Moment de résist. de l'âme et des semelles $= 6\,000\,000 \times 0,0164 \times 0,70 =$ ...	68 880
— des cornières, d'après le tableau n° III....................	11 014
TOTAL = ...	79 894

Le calcul exact donne 78 158. A supposer que le moment de rupture fût égal à 79 894, la poutre, au lieu de travailler exactement à 6 kil., comme on l'aurait voulu, travaillerait à $6^k,13$, différence qui n'a aucune importance.

15. — **Moments de résistance de sections non symétriques par rapport à l'axe neutre.** — Généralement on fait travailler le fer à 6^k par millimètre carré, aussi bien dans les parties comprimées que dans les parties tendues. Les parties comprimées exigent seulement une forme propre à prévenir le voilement.

Mais si l'on voulait déroger à cette règle et faire travailler la semelle tendue à un plus haut coefficient que celle qui est comprimée, il faudrait renforcer celle-ci, c'est-à-dire adopter une section non symétrique par rapport à l'axe neutre.

Ces sections non symétriques peuvent aussi s'offrir d'elles-mêmes dans certains cas : par exemple dans des poutres en forme de cuves (telles que les longerons de la *fig.* XI, pl. 2). On peut souvent en pareil cas se contenter d'assimiler la section à une section symétrique dont les semelles seraient toutes deux égales à la plus faible de celles de la section donnée. Mais si l'on veut faire le calcul exact, on procédera comme suit.

On cherche d'abord par le théorème des moments (*fig.* 5) les cotes de hauteur δ et δ^1 qui fixent la position du centre de gravité G de la section, lequel coïncide avec l'axe neutre lorsque la poutre n'est soumise qu'à des forces normales à sa longueur. Alors, entre les coefficients R et R_1 qui expriment respectivement le travail maximum dans les deux plates-bandes, on aura la relation $\frac{R}{R_1} = \frac{\delta}{\delta_1}$. Le moment de résistance s'exprimera à volonté en fonction de R ou de R_1, qui sont liés par la proportion précédente; en fonction de R, par exemple, sa valeur sera :

$$\frac{R}{3\delta}(b\delta^3 + b_1\delta_1^3 - b'\delta'^3 - b_1'\delta'_1{}^3)$$

Dans le cas particulier d'un té simple (*fig.* 6), on aurait :

$$\delta = \frac{1}{2} \cdot \frac{bh'^2 - b'h'^2 + b'h^2}{bh' - b'h' + b'h}.$$

$$\text{Moment d'inertie } I = \frac{1}{3}\left[b\delta^3 - (b - b')(\delta - h')^3 + b'(h - \delta)^3\right].$$

Moment de résistance $= \frac{R_1 I}{h - \delta}$, R_1 se rapportant à la fibre la plus éloignée de l'axe neutre.

CHAPITRE III

POUTRES PLEINES DE FAIBLE DIMENSION. — COEFFICIENT R. — RIVURES.

16. — **Poutres pleines de faible dimension.** — Théoriquement l'épaisseur de l'âme doit varier avec l'effort tranchant, mais dans les petites poutres cette épaisseur est toujours constante et offre un excès de résistance, car les conditions de rigidité interdisent d'amincir les tôles au-dessous de certaines limites. Il convient donc de regarder l'épaisseur e de l'âme comme donnée.

Si l'on suppose d'abord la *section constante*, et représentée par la figure VII, le moment de résistance aura pour valeur :

$$M = \frac{R}{6h}(bh^3 - (b - e)(h - 2\varepsilon)^3) = R\varepsilon(b - e)\left(h - 2\varepsilon + \frac{4\varepsilon^2}{3h}\right) + \frac{Reh^2}{6}.$$

On peut négliger vis-à-vis de h le terme $\frac{4\varepsilon^2}{3h}$, et prendre

$$M = R\left[\varepsilon(b - e)(h - 2\varepsilon) + \frac{eh^2}{6}\right] \qquad (1)$$

d'où :

$$b = \frac{M}{R\varepsilon(h - 2\varepsilon)} + e - \frac{eh^2}{6\varepsilon(h - 2\varepsilon)}.$$

L'aire de la section, ou le volume du mètre courant de poutre, s'exprime par

$$2b\varepsilon + (h - 2\varepsilon)(e + \psi),$$

ψ représentant le volume des couvre-joints et nervures de l'âme par mètre carré, c'est-à-dire la surépaisseur qu'il faudrait donner à l'âme pour faire le même poids que celui de ces nervures et couvre-joints.

En remplaçant b par sa valeur, cette expression devient :

$$\frac{6M + 2Reh^2 - 6Re\varepsilon h}{3R(h - 2\varepsilon)} + \psi(h - 2\varepsilon),$$

et elle est rendue un minimum par la valeur suivante de h :

$$h = 2\varepsilon + 2\sqrt{\frac{3M - 2Re\varepsilon^2}{2R(2e + 3\psi)}}. \qquad [2]$$

Cette formule donne la hauteur à adopter pour former la poutre la plus légère possible, offrant un moment de résistance donné, les quantités e, ψ et ε étant également données.

En éliminant M entre [1] et [2], et supposant $e = \varepsilon$, on obtient

$$h = \frac{6e(b + \psi)}{e + \psi}, \qquad [3]$$

formule qui établit entre h et b la relation la plus avantageuse, e étant toujours donné, et devant pour l'économie être choisi aussi faible qu'il est possible sans compromettre la rigidité. Pour des poutres en fer laminé on a $\psi = 0$, et par suite $h = 6b$; ainsi, pour cette sorte de poutre, si l'on se donne l'aire S de la section, la meilleure forme se trouvera en adoptant pour e la moindre valeur possible, puis en prenant $h = \frac{3S}{4e}$ et $b = \frac{S}{8e}$.

La formule [2] prend la forme suivante dans le cas d'une charge uniformément répartie p par mètre courant de la portée l :

$$h = 2\varepsilon + \frac{1}{2}\sqrt{\frac{3pl^2 - 16Re\varepsilon^2}{R(2e + 3\psi)}} \qquad [4]$$

17. — Considérons maintenant des *poutres à semelles d'épaisseur variable.* — Comme l'épaisseur maxima est obtenue par la superposition de plusieurs feuilles de tôle, la variation d'épaisseur a lieu par redans, les feuilles de renfort pouvant être interrompues successivement en allant du milieu vers les extrémités de la portée. Si μ désigne le moment de résistance de l'une des sections, le renfort à ajouter dans le milieu en sus de cette section aura pour longueur théorique $\sqrt{l^2 - \frac{8\mu}{p}}$ en supposant la poutre chargée de p par mètre courant. Cette longueur devra être un peu augmentée, afin que dans les points où le renfort commence à devenir nécessaire, il fasse déjà suffisamment corps avec la semelle par le moyen des rivets extrêmes.

Supposons que la figure VII représente la section aux abouts de la poutre, ε étant la plus petite épaisseur que l'on juge à propos d'adopter pour les tables ; puis, admettons approximativement, qu'à partir des extrémités, cette épaisseur croisse comme l'ordonnée d'un segment de parabole, de manière à atteindre une valeur maxima z au milieu de la portée. Cette épaisseur z sera déterminée par l'équation suivante, dans laquelle le moment de résistance se trouve exprimé de la manière approximative indiquée au n° 14.

$$Rh\left(bz + \frac{eh}{6}\right) = \frac{pl^2}{8}, \text{ d'où } bz = \frac{pl^2}{8Rh} - \frac{eh}{6} \qquad [5]$$

Soit k un coefficient, tel que 1,10, destiné à tenir compte des couvre-joints de semelles. Le volume du mètre courant de poutre sera :

$$lh(e+\psi) + 2klb\left[\varepsilon + \frac{2}{3}(z-\varepsilon)\right],$$

ou en substituant la valeur de bz :

$$lh[\psi + e(1 - \frac{2}{9}k)] + \frac{2}{3}klb\varepsilon + \frac{kpl^3}{6Rh}.$$

Cette expression devient un minimum si l'on prend

$$h = l\sqrt{\frac{kp}{6R[\psi + e(1 - \frac{2}{9}k)]}}, \qquad [6]$$

ce qui montre que les hauteurs de diverses poutres doivent varier comme $l\sqrt{p}$.

La hauteur étant déterminée, la section maxima des semelles se calcule par l'équation [5]. Il faut que la largeur b soit suffisante pour assurer la rigidité de la poutre, et pour que l'épaisseur maxima z ne dépasse pas une certaine limite, telle que 0m,06 ou 0m,07.

Exemples. — Soient $l = 20^m$, $p = 6000^k$, $e = 0^m,010$, $\psi = 0,008$, $R = 6\,000\,000$, $k = 1,10$. On trouve $h = 2^m,17$ et $bz = 0,0194$. Si par exemple, on fait $z = 0^m,050$, on aura $b = 0^m,39$. En supposant $\varepsilon = 0^m,010$, la poutre pèsera environ 11 tonnes.

Les formules qui précèdent ne s'appliquent qu'aux cas où la hauteur disponible permet de réaliser les formes les plus avantageuses. Très-souvent il arrive qu'on est gêné pour la hauteur, et alors on se borne à faire la poutre aussi haute que les dispositions du projet le permettent.

Dans les poutres de grande importance, l'âme varie d'épaisseur. Le chapitre XI est consacré à la recherche de formules applicables à ce cas.

18. — **Coefficient R.** — Généralement on adopte 6 kil. par mill. carré pour la résistance pratique du fer à la traction comme à la compression, et on regarde ce coefficient comme applicable à la section brute, c'est-à-dire sans déduction des trous de rivets. Dans les parties comprimées, ces trous n'affaiblissent en rien les pièces, pourvu qu'ils soient exactement remplis par la tige des rivets, mais cette condition n'est pas toujours bien remplie. Dans les parties soumises à traction, l'adhérence qu'ont contractée les têtes

de rivets sur la tôle, par l'effet du serrage énergique dû au retrait du métal, récupère une partie de la force perdue par le trou, mais en définitive, il faut compter sur une perte en vertu de laquelle R excédera 6^k. Considérons par exemple la section maxima de la table de la poutre *fig.* XXXI, *pl.* 6, et supposons que dans une même section transversale se rencontrent quatre trous pour fixer les cornières de bordure et les cornières centrales à la table, un trou horizontal pour rattacher ces dernières cornières à l'âme, et enfin dans la lame verticale deux des trous percés pour l'attache des barres du treillis. En supposant des rivets de $0^m,022$ de diamètre, la section nette ne sera que les 0,87 de la section brute; et si cette perte était absolue, et qu'on eût compté sur 6^k par mill. carré de section brute, le travail réel s'élèverait à $6^k,9$. Mais il sera moindre à cause du frottement des têtes, et on le réduira encore davantage en ayant la précaution d'espacer et d'alterner les trous autant que possible.

Lorsque certains points, tels que l'emplacement des couvre-joints par exemple, nécessitent une perforation plus grande que les autres parties, on fera bien de donner en ces points un léger excès de section.

Dans les barres attachées sur des goussets par plusieurs rangées de rivets, il est généralement facile de rendre la perte insignifiante par une disposition convenable des trous : par exemple, on peut ne mettre qu'un rivet dans la section transversale AB (*fig.* 8), puis deux dans CD, trois dans la rangée suivante, et ainsi de suite; car il suffit que dans une section quelconque, la résistance nette conservée soit égale à l'effort de la barre diminué de la résistance des rivets qui précèdent la rangée considérée. Ou bien, au lieu d'écartements variables, on peut ne faire varier que les diamètres des rivets qui, faibles d'abord, iraient en augmentant vers l'about de la pièce. Ou enfin, on peut combiner les deux moyens. Dans des treillis multiples, où chaque barre est de faible section, un seul trou, même de faible diamètre, peut devenir une fraction importante de la section, et il sera utile alors d'augmenter celle-ci, au moins dans les barres de tension; dans celles de compression, on est déjà obligé de forcer les dimensions pour obtenir de la raideur, et cet excès de section, motivé dans le milieu pour résister à la déviation, reste utile aux extrémités pour la compensation des trous des rivets d'attache.

Ainsi, dans certains cas, on devra avoir égard à l'affaiblissement produit par les trous des rivets, mais pour ce qui concerne les rivures générales, on peut admettre que le coefficient $R = 6000000$ est assez réduit pour en tenir compte.

19. — **Rivures.** — Le travail *par cisaillement* pourrait être égal à celui de traction ou de compression, lorsqu'il s'opère dans de bonnes conditions. Mais comme les attaches exigent souvent un grand nombre de rivets, ceux-ci ne travailleront ordinairement pas d'une manière égale. C'est pourquoi on est dans l'usage de ne compter pour leur résistance que sur 4^k par mill. carré. D'après cela, un rivet de $0^m,022$ de diamètre, travaillant à simple section, pourra porter $1\frac{1}{2}$ tonne, et un rivet de $0^m,025$, 2 tonnes. Les écartements d'axe en axe des trous peuvent descendre à environ $0^m,08$.

Lorsqu'une barre ne porte que par une surface restreinte sur son gousset d'attache, on est souvent conduit à doubler les sections de cisaillement des rivets, ce qui se fait à l'aide d'un couvre-joint appliqué sur le revers du gousset et se prolongeant derrière la barre sur une surface égale à sa surface de contact avec le gousset. L'épaisseur de ce dernier est rachetée par une fourrure interposée entre la barre et le couvre-joint, de manière que le gousset se trouve saisi par une sorte de fourchette qui ne peut s'arracher qu'en cisaillant les rivets sur deux sections. On voit un exemple de cette disposition dans les barres extrêmes de la poutre représentée *fig.* XXVIII, *pl.* 5.

Dans certains cas, au lieu de faire la dépense d'un couvre-joint et d'une fourrure, on pourra trouver plus simple de consacrer ce surplus de poids à élargir le gousset, en conservant les rivures à simple section.

En doublant les goussets et les couvre-joints, on ferait travailler les rivets à quadruple section.

L'épaisseur des goussets doit être calculée de façon qu'ils ne risquent pas de se déchirer suivant le périmètre enveloppant les rivures d'attache de la barre.

Les couvre-joints de plates-bandes donnent lieu à une observation analogue à celle qui a été faite sur la figure VIII, c'est-à-dire qu'il conviendrait d'espacer suffisamment les trous des rangées transversales les plus voisines du joint et des extrémités du couvre-joint, et de les rapprocher au contraire dans les rangées intermédiaires.

Cette condition peut être éludée en ce qui concerne les rangées voisines du joint, si l'on donne au couvre-joint un excès d'épaisseur. Mais alors autant vaut l'allonger et espacer davantage les rivets.

L'âme d'une poutre en tôle tend à glisser entre les deux cornières qui la relient à chacune des tables horizontales. On a vu au n° 1 que cet effort de cisaillement horizontal exige une épaisseur d'âme e donnée par l'équation $\frac{dM}{h} = R_1 e dx$. En considérant les rivures on aura de même $\frac{dM}{h} = nQdx$, n étant le nombre des rivets par mètre courant, et Q l'effort supporté par l'un d'eux travaillant à double section. On déduit de là $n = \frac{1}{Qh} \cdot \frac{dM}{dx} = \frac{F}{Qh}$.

Pour une poutre supposant p^k par mètre courant, le maximum de l'effort tranchant F sera $\frac{pl}{2}$, et en employant des rivets de $0^m,025$ on fera $Q = 4\,000^k$; par suite $n = \frac{pl}{8000h}$, c'est-à-dire qu'aux extrémités de la poutre, les rivets rattachant l'âme aux cornières de la table, devront être espacés de $\frac{1}{n} = \frac{8000h}{pl}$. Avec le diamètre de $0^m,022$, cet espacement serait $\frac{6000h}{pl}$.

Les mêmes considérations s'appliquent aux rivets rattachant les tôles de la table, soit entre elles, soit à la branche horizontale des cornières, seulement là les écartements pourraient être augmentés par la raison que l'effort de glissement relatif a une plus faible valeur.

La condition précédente permettrait en général de faire des rivures à grands espacements dans la majeure partie de la longueur des tables; mais, dans la table comprimée, les rivures ont encore pour objet de prévenir l'exfoliation à laquelle seraient exposées des tôles mal reliées entre elles. Il convient pour cela que les feuilles ne soient pas laissées libres sur des longueurs plus grandes que 0,m15, mais s'il y a plusieurs files de rivets, les écartements pourraient être doublés dans certaines parties, à la condition d'alterner les trous.

Au droit des joints les trous seront plus rapprochés, afin de ne pas augmenter inutilement la longueur des couvre-joints. Quand le nombre des feuilles superposées est grand, les joints se rapprochent, et alors les rivures doivent être à peu près sur toute la longueur à courts espacements.

CHAPITRE IV

TABLIERS DE PONTS. — PIÈCES AUTRES QUE LES POUTRES PRINCIPALES.

20. — Lorsque les rails ne reposent pas directement sur les poutres principales, on relie celles-ci par des entretoises porteuses ou pièces de pont, sur lesquelles s'appuient des longerons placés au droit de chaque rail.

Longerons. — On peut considérer les longerons comme simplement appuyés sur les entretoises, et prendre pour leur portée l'écartement de ces dernières. Si la surcharge se compose de roues de locomotive, dont le poids serait porté à 7 tonnes, et l'écartement réduit à 1m,40, une roue unique au milieu du longeron donnera le moment maximum, tant que la portée sera inférieure à 2m,40. Au delà, on devra considérer deux roues. Le poids mort, peu important vis-à-vis de la surcharge, sera compté à raison de 500 kil. par mètre courant de longeron. Avec ces hypothèses, on pourra adopter, suivant les diverses portées et hauteurs disponibles, les sections à double té du tableau n° IV, où l désigne la portée, M le moment de rupture maximum et h la hauteur du longeron. Comme dans le tableau des moments de résistance, nous définissons une section en indiquant d'abord les dimensions de l'âme, puis celles de l'une des quatre cornières, enfin, s'il y a lieu, celles de l'une des deux semelles; pour ces dernières, on indique de plus leur longueur qui, dans les longerons de plus de 3 mètres, peut être sensiblement moindre que la portée, car ces tôles horizontales doivent être envisagées comme de simples renforts. Lorsque la longueur est omise, il faut entendre qu'elle égale celle des cornières. Enfin, la lettre P désigne le poids moyen d'un longeron par mètre courant, en tenant compte de la réduction de longueur des renforts et des rognures de cornières aux abouts où l'âme est seule conservée pour s'engager dans le montant de l'entretoise. Ce montant n'est pas compté ici, parce que nous le considérons comme appartenant à l'entretoise.

Dans les sections composées seulement d'une âme et de cornières, il est bon que ces dernières puissent offrir une large assiette pour la pose des longrines en bois portant les rails; il sera donc quelquefois utile de remplacer des cornières à branches égales par d'autres à branches inégales et de poids à peu près équivalent; la résistance elle-même y gagnera, mais si elle se trouvait déjà amplement satisfaite, on pourrait ne transformer que les cornières supérieures.

Dans le pont représenté *fig.* XXXV, *pl.* 8, se trouvent indiqués des longerons qui atteignent 6 mètres de portée. Le poids moyen de chacun d'eux s'élève à environ 110^{k} par mètre courant,

21. — Lorsque la hauteur disponible est très-limitée, on donne quelquefois aux longerons la forme de caissons, forme moins économique que celle en double té, mais favorable à une réduction de l'épaisseur du tablier tout en conservant une épaisseur de bois suffisante pour adoucir la voie. La figure VIII, pl. 2, donne un exemple de cette disposition. D'autres sections applicables à des portées de 1^{m},50 à 2^{m},50, se trouvent représentées dans la figure XI. Il est inutile de considérer des portées plus grandes, attendu que lorsqu'on est gêné pour la hauteur, on doit adopter de faibles espacements d'entretoises.

Lorsque l'épaisseur disponible permet de donner à l'entretoise une hauteur au moins égale à 0^{m},350, on peut adopter des longerons à double té.

22. — **Entretoises porteuses pour ponts à trois poutres.** — Les figures VIII, IX, X, pl. 2, représentent divers types. Lorsqu'on est très-gêné pour la hauteur, l'écartement des entretoises doit être réduit à environ 1^{m},50; il serait inutile de descendre au-dessous, car il n'en faudrait pas moins calculer l'entretoise comme chargée, au droit de chaque rail, d'une roue de locomotive. Il est bon aussi, en pareil cas, de diminuer, autant que faire se peut, l'entr'axe des poutres principales, et par suite la portée de l'entretoise. En prenant cet entr'axe égal à 4^{m},20, comme dans la figure VIII, la longueur totale de l'entretoise sera de 4 mètres, et l'on pourra admettre 3^{m},60 pour la portée effective, eu égard à la saillie des goussets d'attache. Dans ces conditions, la hauteur de l'entretoise peut être réduite à 0^{m},220, comme dans la figure citée; son poids est de 750^{k}, y compris ses deux goussets d'attache, ce qui revient à dire que les entretoises pèseront 975^{k} par mètre courant de tablier à deux voies.

Avec une hauteur de 0^{m},250, on prendrait une âme de 210/10 mill., des cornières de 110/70/11, et des semelles de 270/20 composées de deux feuilles régnant l'une sur 3^{m},50 de longueur, et l'autre seulement sur 2^{m},70. Le poids des entretoises par mètre courant de tablier à deux voies sera réduit à 830^{k}.

Il s'abaissera à 715^{k}, si l'on peut prendre une section de 0^{m},300 de hauteur, formée avec une âme de 260/12, des cornières de 70/70/10, et des semelles de 220/20 dont la première feuille s'étendrait sur 3^{m},50, et l'autre sur 2^{m},70.

Enfin, ce même poids descendra à 640^k avec des entretoises de $0^m,350$, dont l'âme aurait 330/10, les cornières 80/80/10, et les semelles 250/10 sur 3 mètres de longueur.

23. — Mais généralement nous suivrons le type de la figure IX où l'entr'axe des poutres est porté à $4^m,50$, l'entrevoie ayant 3 mètres de largeur aux abords du pont, afin que la poutre médiane ne forme pas un obstacle dangereux. La longueur des entretoises est de $4^m,30$, et on peut les regarder comme simplement posées sur deux appuis, la portée effective étant environ $4^m,10$. La surcharge agit en deux points distincts, au droit de chaque rail, et l'on peut supposer qu'il en est de même du poids mort, relativement peu important. Le moment de rupture sera égal à 1,30 P, la lettre P désignant le poids total maximum agissant au droit de chaque rail. Ce poids augmente avec l'écartement des entretoises, et si l'on considère des locomotives portant 10 tonnes par essieu, avec de courts entr'axes de $1^m,10$, ou bien portant 12 tonnes avec entr'axes de $1^m,40$ et $1^m,90$, on pourra admettre environ les valeurs suivantes de P :

Écartem. des entretoises.	$1^m,50$	$2^m,00$	$2^m,50$	$3^m,00$	$3^m,50$	$4^m,00$	$4^m,50$	$5^m,00$
Portion de P due au poids mort.	$1\,700^k$	$2\,000^k$	$2\,100^k$	$2\,300^k$	$2\,500^k$	$2\,800^k$	$3\,100^k$	$3\,500^k$
Portion de P due à la surcharge.	7 600	9 500	10 600	11 400	12 300	13 000	13 600	14 000
Valeur totale de P.	9 300	11 500	12 700	13 700	14 800	15 800	16 700	17 500

On peut former alors un tableau (V. tableau V) où M désigne le moment de rupture maximum. Les poids tiennent compte des montants d'attache des longerons, et de goussets triangulaires pour rattacher l'entretoise aux montants des poutres. En revanche, on a déduit les parties de cornières ou de tôles horizontales qui se trouvent supprimées vers les abouts des entretoises.

24. — **Entretoises porteuses pour ponts à deux poutres.** — Des exemples sont donnés par les figures XII et XIII, pl. 2. La longueur totale de l'entretoise est supposée égale à 8 mètres, et l'on peut admettre $7^m,80$ pour la portée effective. Le moment de rupture maximum, entre les rails intérieurs, aura pour valeur 4,30 P lorsque les deux voies seront simultanément surchargées, tandis qu'il serait seulement 2,70 P pour le cas d'une seule voie chargée. On peut compter sur la moyenne 3,50 P comme devant être égalée au moment de résistance calculé pour R = 6000000. Par cette méthode, on obtiendra des entretoises qui ne travailleront généralement qu'à environ $4^k,5$ par mill. carré, sauf le cas exceptionnel de surcharge simultanée sur les deux voies, où le travail pourra s'élever jusqu'à $7^k,5$. Au droit des rails extérieurs le moment moyen admis sera 2,40 P.

Le tableau VI indique un certain nombre de sections pour divers écartements. Les poids tiennent compte des montants de longerons et autres accessoires.

25. — **Contreventements verticaux.** — Lorsque les poutres d'un pont ont une grande hauteur et que leurs tables sont relativement étroites, elles peuvent facilement se déjeter d'un côté ou de l'autre, surtout si elles sont

chargées à la partie supérieure. Si le sens du déversement change d'un bout à l'autre de la poutre, il se produit alors une torsion en vertu de laquelle le plan de l'âme se change en une surface gauche.

C'est à combattre ces effets de déversement que sont principalement destinés les contreventements verticaux. L'effort subi par ces pièces ne provient que des oscillations latérales produites par la marche des trains, ou des déviations que tend à prendre la table supérieure des poutres sous l'effort de compression. Mais quelquefois il est utile de renforcer les pièces obliques de la coupe transversale, parce qu'elles peuvent servir de jambes de force pour soutenir les entretoises porteuses, ainsi qu'on le voit par exemple dans les figures III, VI, VII, et XVII, XX, XXIII, pl. 2 et 3.

Le but d'un contreventement vertical ne saurait être d'égaliser les flexions des diverses poutres lorsque ces poutres peuvent être inégalement surchargées, car il faut bien alors que les flexions diffèrent : on ne pourrait l'empêcher en partie que par des pièces très-puissantes, et il en résulterait un mouvement de torsion. Cependant, quand les poutres sont hautes et raides, les flexions sont si faibles que le contreventement vertical résiste toujours parce qu'il se prête suffisamment par son élasticité aux courbures différentes qu'affectent les poutres sous la charge. Entre deux poutres également chargées, telles que deux poutres soutenant directement les rails d'une même voie, ces tiraillements n'existent pas.— Dans les ponts à quatre poutres sous rails, si la hauteur est faible, il pourra être bon de se contenter d'entretoiser l'entrevoie sans la contreventer verticalement.

26. — **Contreventements horizontaux.** — Un contreventement horizontal peut servir d'abord à éteindre les vibrations latérales, et pour les attaquer plus efficacement, à leur naissance même, il convient de placer ce contreventement le plus près possible du plan des rails. Un autre but auquel peut être affecté le contreventement, est de former avec le concours des entretoises un plan résistant qui empêche la poutre de se tordre par le gauchissement de la plate-bande comprimée. A ce point de vue, il convient que le contreventement relie directement, si c'est possible, les tables comprimées des diverses poutres.

Si le pont est chargé à la partie supérieure, un contreventement supérieur unique satisfera à la double condition.

Dans les ponts tubulaires chargés au bas, on aura un contreventement inférieur contre le flambage, et un supérieur contre la torsion.

Enfin, dans les ponts à poutres en gardecorps, le contreventement supérieur étant impossible, on n'en aura qu'un seul à la partie inférieure, mais on devra s'attacher à prévenir le gauchissement des poutres en élargissant leur table supérieure et leurs montants.

Les contreventements fonctionnent comme des treillis horizontaux, mais leurs efforts sont d'une nature capricieuse qui échappe au calcul. On les fait ordinairement en barres de dimension uniforme sur toute la longueur du tablier; mais dans des ouvrages importants, il pourrait être bon de renforcer les barres voisines des appuis, surtout s'il arrivait que la voie fût dosée en courbe sur le pont, ce qui peut se faire dans une certaine mesure tout en laissant droites les poutres principales. La section des fers est ordinairement plate, parce que sur les deux diagonales formant une croix de saint André, il y en a toujours une qui résiste à la tension, tandis que les entretoises forment barres de compression ; d'ailleurs, la diagonale comprimée ne reste pas tout à fait inactive lorsqu'elle est fixée en plusieurs points de sa longueur, comme on peut le faire ordinairement sur les longerons. Lorsqu'au contraire, les barres sont abandonnées à elles-mêmes sur des longueurs un peu grandes, il est préférable de les faire en fers à té, pour éviter le fouettement.

Dans les ponts de faible portée, de moins de 25 mètres par exemple, la largeur du tablier est une grande fraction de la longueur, et l'on peut supprimer le contreventement, parce que la rigidité propre du tablier s'oppose suffisamment aux oscillations transversales.

Pour un pont chargé à la partie supérieure (*fig.* II, *pl.* 1, et *fig.* VII, *pl.* 2), le contreventement horizontal pourra peser, suivant la portée, de 50 à 90^k^ par mètre courant de tablier à deux voies (barres de 160/12 mil., à 200/16), y compris les goussets d'attache.

Pour un pont à trois poutres en gardecorps, on pourra compter de 80 à 150^k^ ; dans un pont à deux poutres en gardecorps, de 50 à 100^k^ ; enfin, les ponts tubulaires absorbent, par mètre courant, de 130 (ponts à deux poutres) à 160^k^ (ponts à trois poutres), et au delà, pour leurs deux contreventements, ce qui, joint à leur grande largeur, leur assure une rigidité transversale plus grande que n'en peuvent offrir, à égalité de portée, des ponts chargés à la partie supérieure et à encorbellements.

Dans les ponts de routes ordinaires, les contreventements horizontaux peuvent être notablement plus faibles que dans ceux de chemins de fer. Des fers plats de 100/12 sont amplement suffisants en général.

27. — Les planches 1 et 2 représentent divers *types de sections transversales de tabliers, pour ponts de chemins de fer.*

Quand la hauteur disponible est illimitée, on peut placer les voies à la partie supérieure des poutres. Si l'ouverture est faible, on aura en général quatre poutres principales, supportant directement les rails, comme dans les figures I et II ; car alors les autres pièces ne serviront qu'à entretoiser les poutres, et pourront être de faibles dimensions. Mais si l'ouverture est grande, l'économie sur les pièces secondaires doit être sacrifiée en vue de l'économie plus importante que l'on pourra réaliser par la réduction du nombre des poutres principales ; en effet, une poutre unique coûte moins que deux poutres chargées à moitié, et de plus, cette poutre unique ne travaillera généralement à charge complète que dans le cas exceptionnel où deux trains se croiseraient simultanément sur le pont. Les figures V, VI, VII donnent des types à deux poutres pour diverses hauteurs, et par conséquent applicables à des portées plus ou moins grandes. — Entre les ponts à deux et à quatre poutres, se rangent ceux à trois poutres (*fig.* III et IV) qui nécessitent des entretoises porteuses, mais moins importantes que celles des ponts à deux poutres.

Quand la hauteur disponible est limitée, on place la charge au bas du tablier; les poutres forment gardecorps si leur hauteur n'est pas très-grande, et si elles s'élèvent davantage, on en profite pour les entretoiser à la partie supérieure, ce qui constitue le système tubulaire. Les figures VIII, IX, X s'appliquent à des ponts à trois poutres en garde-corps, la figure XIV à un pont tubulaire à trois poutres, et la figure XV à un pont tubulaire à deux poutres. Dans ces divers systèmes de ponts à charge inférieure, il y a encore lieu de distinguer si la hauteur disponible est limitée ou grande quant aux entretoises, car cela influe considérablement sur le poids des entretoises et des longerons. Par exemple, dans la figure VIII, où les entretoises ont $0^m,220$ de hauteur, ce poids s'élèverait à $1\,350^k$ par mètre courant de tablier à deux voies, tandis qu'il serait réduit à 630^k si les entretoises pouvaient avoir $0^m,850$ de hauteur comme à la figure X. Une épaisseur disponible limitée force à adopter de faibles espacements d'entretoises, et à donner la préférence aux ponts à trois poutres sur ceux à deux poutres.

Au point de vue de l'entretoisement des poutres principales, c'est la rigidité transversale de ces dernières qui déterminerait l'espacement convenable des entretoises. Des poutres à semelles étroites peuvent avoir besoin d'être reliées entre elles tous les 2 mètres ou les $2^m,50$, tandis que dans de grands ponts, on peut porter les écartements à 4 mètres et au delà, pourvu qu'alors les entretoises soient puissantes et solidement attachées.

28. — A côté de chacune des figures citées dans le numéro précédent se trouvent inscrits les poids des pièces d'entretoisement et autres pièces diverses, par mètre courant de tablier à double voie. D'après ces données, on pourra, dans des évaluations générales, admettre moyennement les chiffres ci-après :

POIDS DES PIÈCES AUTRES QUE LES POUTRES PRINCIPALES ET LE CONTREVENTEMENT HORIZONTAL PAR MÈTRE COURANT DE TABLIER A DEUX VOIES.

1° Charge supérieure..	Ponts à 4 poutres	Espacem. entret. 2^m : 320 à 450^k, suivant que la hauteur des poutres varie de $1^m,50$ à $4^m,00$;
		Espacem. entret. 3^m : 260 à 350^k, suivant que la hauteur des poutres varie de $1^m,50$ à $4^m,00$;
	Ponts à 3 poutres : 460 à 800^k, suivant que la hauteur varie de $2^m,00$ à $5^m,00$;	
	— à 2 poutres : 540 à 920 — — $3^m,00$ à $8^m,00$;	
2° Charge inférieure.	Ponts à 3 poutres en garde-corps : 960 à 630^k, suivant que la hauteur des entretoises varie de $0^m,35$ à $0^m,85$;	
	Ponts à 3 poutres en garde-corps : 1 050 à 730^k, suivant que la hauteur des entretoises varie de $0^m,60$ à $1^m,00$;	
	Ponts tubulaires à 3 poutres : 1050 à 730^k avec entret. de $0^m,35$ à $0^m,80$;	
	— 2 poutres : 900.	

Pour les ponts chargés à la partie inférieure, nous écartons les cas exceptionnels où la gêne de hauteur est telle, qu'elle conduirait à des dispositions très-coûteuses.

29. — Les *platelages de ponts de chemins de fer* se font en madriers de $0^m,06$ ou $0^m,07$ d'épaisseur. Les longrines sous rails ont $0^m,13$ ou $0^m,15$ d'é-

paisseur sur $0^m,25$ ou $0^m,30$ de largeur. Comme le métré des bois peut toujours se faire rapidement, il est inutile de donner des calculs tout faits. En général, il faut de $0^{m3},60$ à $0^{m3},70$ par mètre courant de tablier à deux voies.

30. — **Ponts-routes.** — Pour les ponts de routes ordinaires, nous admettons des *platelages en bois* de préférence à la tôle ondulée, parce qu'ils permettent d'espacer davantage les pièces de pont, ce qui est plus économique. Le bois aura, il est vrai, plus vite besoin d'être renouvelé, mais c'est une opération susceptible d'être exécutée promptement, sans presque interrompre la circulation. Dans les types, fig. XVI à XXIV de la pl. 3, le platelage a $0^m,07$ d'épaisseur, et est recouvert d'un faux plancher de $0^m,03$ qui a le double but de protéger le premier pour en augmenter la durée, et de le rendre plus résistant en empêchant qu'aucun madrier ne fléchisse isolément sous la charge d'une roue de voiture. Le platelage repose sur des solives de $0^m,250$ de hauteur et $0^m,125$ de largeur, espacées de $0^m,375$ d'axe en axe.

Si l'on faisait usage de *tôle ondulée*, elle pourrait avoir $0^m,003$ d'épaisseur pour un écartement de $1^m,40$ entre les entretoises, les cannelures ayant $0^m,080$ de hauteur et $0^m,160$ de largeur moyenne ; mais cette tôle ne résiste bien qu'à la condition d'être recouverte par une couche d'empierrements suffisante pour empêcher les roues de concentrer leur action sur une seule cannelure.

Enfin pour des ouvrages très-importants, il y a encore le système lourd, mais indestructible, d'*arceaux en briques* dont les retombées buttent sur des poutrelles en fer. Mais notre but est seulement d'étudier les dispositions les plus économiques.

31. — Le platelage des figures XVI à XXIV, cube par mètre carré, ou a pour épaisseur réduite $0^m,183$. Avec ce platelage, l'écartement convenable entre les entretoises, est de $1^m,80$. On peut calculer les entretoises comme soumises au maximum à un poids de $1\,000^k$ par mètre courant (la couche d'empierrement variant de $0^m,15$ à $0^m,25$), et à une surcharge accidentelle de deux roues exerçant chacune une pression de 3 tonnes, espacées de $1^m,50$, et placées dans la position la plus défavorable qui donne le moment de rupture exprimé par la formule du n° 10. Quand la portée de l'entretoise excède 4 mètres, il convient de considérer le cas du croisement de deux lourdes voitures ; les roues peuvent varier de position respective, mais comme le ballast exerce une action répartissante, nous admettrons que le poids total 12 tonnes des quatre roues, simultanément situées sur l'entretoise, est distribué uniformément tout le long de celle-ci. Le tableau VII présente, dans ces conditions, quelques sections toutes calculées. Les poids comprennent des goussets pareils à ceux de la planche 3, et supposent que la distance d'axe en axe des poutres excède de $0^m,40$ les portées admises.

Des entretoises de plus de 8 mètres seront généralement fractionnées au moyen d'une ou de plusieurs poutres principales intermédiaires.

32. — Les figures XVI à XXIV se rapportent à trois largeurs types :

6m,00 décomposés en	4m,00 de chaussée et de deux trottoirs de	1m,00 chacun.	
10 ,00 —	7 ,00 —	1 ,50 —	
14 ,00 —	10 ,00 —	2 ,00 —	

et pour chacune de ces largeurs il y a lieu de distinguer le cas où la portée est faible, ce qui n'exige jamais qu'une épaisseur limitée entre le niveau de la chaussée et le dessous des poutres ; puis le cas où la portée est grande avec hauteur illimitée, ou bien avec hauteur limitée. Cela donne lieu à neuf coupes transversales différentes, ou plutôt à douze, car les figures XVIII, XXI et XXIV sont doubles, et représentent soit des tabliers à poutres en garde-corps, soit des ponts tubulaires. Les entretoises porteuses sont toujours espacées de 1m,80, mais les entretoises non porteuses, les contre-fiches ou jambes de force ne sont placées qu'à des intervalles doubles. Dans les figures XVII, XX et XXIII, il y a donc une entretoise sur deux qui se trouve dépourvue de jambe de force, mais elle est, par compensation, renforcée par une tôle additionnelle aux semelles. — Dans les figures XX, XXI, XXIV, les entretoises, qui sont fort longues, sont maintenues en leur milieu par un longeron d'écartement en fer à double té de 20k au mètre courant. Dans les ponts d'une portée un peu grande, on ajoute un contreventement horizontal en fers plats de 100/12 mill., et qui, fixé aux entretoises, servira encore à maintenir leur écartement mutuel. Les ponts tubulaires ont deux contreventements, l'un supérieur, l'autre inférieur.

A la suite des figures, se trouve un tableau qui résume les poids des fers par mètre courant de tablier, non compris les poutres principales, pour chacun des types de coupes transversales. Nous en répétons ici les totaux :

			POIDS DES FERS par m. cour. de tablier non comp. les poutres princ.
Tablier de 6m entre garde-corps.	Faible portée		340k
	Grande portée avec haut. illimit. (Poutr. de 3m,50 de haut.)		460
	— — limitée.	Poutres en garde-corps	430
		Pont tubulaire	535
Tablier de 10m entre garde-corps	Faible portée		430
	Grande portée avec haut. illimit. (Poutr. de 4m,50 de haut.)		810
	— — limitée.	Poutres en garde-corps	835
		Pont tubulaire	985
Tablier de 14m entre garde-corps	Faible portée		745
	Grande portée avec haut. illimit. (Poutr. de 5m de h.)		970
	— — limitée.	Poutres en garde-corps	1260
		Pont tubulaire	1500

Les types applicables aux grandes portées dans le cas de hauteur illimitée comportent des jambes de force dont la longueur augmente avec la hauteur des poutres : c'est pourquoi on a indiqué ci-dessus la hauteur particulière pour laquelle le métré a été fait.

Les poids comprennent le contre-ventement adopté dans le cas des grandes portées; ils comprennent également des garde-corps de 30^k le mètre linéaire simple, sauf le cas où les poutres elles-mêmes forment parapets.

CHAPITRE V

CHARGES APPLICABLES AUX POUTRES PRINCIPALES. — RAPPORT ENTRE L'OUVERTURE, LA PORTÉE ET LA LONGUEUR TOTALE. ROULEAUX D'APPUI.

33. — Une poutre de portée un peu grande est toujours calculée dans l'hypothèse de charges uniformément réparties, savoir :

1° Une charge permanente de p^k par mètre courant, sur la longueur entière;

2° Une surcharge accidentelle de p'^k par mètre courant, sur une longueur quelconque de la portée.

Charges p et p' applicables aux ponts de chemins de fer. — Quelquefois on augmente à dessein le poids mort p au moyen d'une forte couche de ballast, pour amortir les vibrations produites par la charge roulante p'; cela permet en outre de rendre la voie indépendante du tablier, en la posant sur des traverses non liées à la partie métallique. Mais, c'est là l'exception, et ordinairement on réduit le poids mort aux parties indispensables, par la raison que le fer est apte à résister aux vibrations qui se produisent au passage des trains, lorsque les poutres sont calculées pour un travail de 6^k par millim. carré. Une augmentation de charge permanente peut sans doute favoriser une bonne résistance de la matière, mais si on l'adopte, il sera logique de prendre pour R une valeur plus grande que 6000 000, puisqu'il est reconnu que ce coefficient offre toute sécurité pour le cas où on laisse les vibrations s'exercer à la manière ordinaire.

Quoi qu'il en soit, nous ne supposerons qu'une faible couche de ballast pour protéger les madriers contre les escarbilles que laisse tomber la machine.

En lui ajoutant le poids des rails, du bois et des pièces diverses du tablier, on pourra adopter moyennement, par mètre courant de chaque poutre principale, et non compris son propre poids, les *charges permanentes* ci-après :

Ponts chargés à la partie supér.	à 4 poutres : p_1 =	500 à 600^k
	à 3 —	800
	à 2 —	1 200

<table>
<tr><td rowspan="3">Ponts chargés
à la
partie infér.</td><td rowspan="2">à 3</td><td>poutres de rive : 800 à 700^k, suivant que l'épaisseur est faible ou grande ;</td></tr>
<tr><td>poutre du milieu : 1 700 à 1 400^k, suivant que l'épaisseur est faible ou grande ;</td></tr>
<tr><td>à 2</td><td>1 400^k.</td></tr>
</table>

Pour avoir p, il faudra ajouter à p_1 donné ci-dessus, le poids propre présumé p_2 du mètre courant de poutre, poids qu'il importe peu d'avoir exactement et qu'on pourrait recorriger, si on le croit nécessaire, par un second calcul. Lorsqu'on se propose seulement d'évaluer le prix de revient, on peut aussi se débarrasser du poids p_2 en remarquant qu'en général le poids de la poutre par mètre courant, est, au moins en majeure partie, proportionnel à $(p+p')\,l$. Posant donc $p_2 = D\,(p_1+p_2+p')\,l$, on tire de là $p_2 = \frac{D\,(p_1+p')\,l}{p_1 - l D}$, ou en faisant $D\,(p_1+p')\,l = p_3$:

$$p_2 = \frac{(p_1+p')p_3}{p_1+p'-p_3};$$

on peut donc déduire le poids définitif p_2 cherché du poids p_3, que l'on obtient en négligeant dans la charge morte le poids propre de la poutre. Le résultat tendra à être un peu forcé, parce que le rapport q de la charge vive à la charge totale est augmenté par la réduction de cette dernière ; mais l'erreur est faible, q n'influant sensiblement que sur quelques barres de treillis.

34. — Occupons-nous maintenant de la *surcharge mobile* p'.

Un pont de 10 mètres peut recevoir une locomotive entière avec son tender, et si le poids s'en élève jusqu'à 60 tonnes, cela fera 6 000^k par mètre courant de voie simple, en admettant, comme on peut déjà le faire pour cette portée, que la surcharge produit à peu près le même effet que si elle était uniformément répartie.

D'un autre côté, à partir de 60 mètres de portée, on adopte toujours dans les calculs une surcharge de 4 000^k.

Entre 10 et 60 mètres, on peut la faire varier suivant les chiffres ci-après :

Portées =	10^m	20^m	30^m	40^m	50^m	60^m et au delà
surch. p' (pour une voie) =	6 000^k	5 000^k	4 600^k	4 300^k	4 100^k	4 000^k —

Suivant le système de tablier, une seule poutre pourra avoir à supporter un seul rail, ou deux rails, ou une fraction de rail. Le tableau suivant donne les indications nécessaires à ce sujet, en regardant comme nul tout rail non surchargé.

				Nombre de rails support. par une poutre	
				Les deux voies étant surchargées.	une seule voie étant surchargée.
Ponts à charge supérieure.	à 4 poutres			1 rail.	1 rail.
	à 3 poutres.	Les poutres de rive ayant 5m d'entr'axe.	Poutre médiane.	$\frac{6}{8}$	$\frac{5}{6}$
			1 poutre de rive	$\frac{7}{4}$	$\frac{5}{6}$
		Les pout. de rive ay. 6m,20 d'entr'axe.	Poutre médiane.	$\frac{6}{8}$	$\frac{4}{6}$
			1 poutre de rive.	$\frac{7}{6}$	$\frac{7}{6}$
	à 2 poutres.	Avec entr'axe de 5m (*fig.* VI)		2	1,70
		— de 6m,40 (*fig.* VII)		2	1,56
Ponts à charge inférieure.	à 3 poutres.	Poutre médiane		2	1,00
		1 poutre de rive		1	1,00
	à 2 poutres			2	1,43

35. — **Charges p et p' applicables aux ponts-routes.** — Le tableau suivant donne les charges applicables aux poutres des divers types de la planche 3. Les poids morts p sont calculés dans l'hypothèse d'une couche d'empierrement d'environ 0m,20 d'épaisseur, et les surcharges p' en admettant que la chaussée est chargée à raison de 400k par mètre carré, et les trottoirs de 200k également par mètre carré.

	Largeur 6m. Fig. XVI, XVII, XVIII.	Largeur 10m			Largeur 14m			
		Fig. XIX.		Fig. XX et XXI.	Fig. XXII-XXIII.		Fig. XXIV.	
		Poutre de rive.	Poutre médiane.		Poutre de rive.	Poutre médiane.	Poutre de rive.	Poutre médiane.
p pour une poutre (non compris son propre poids	1 300k	1 100	1 900	2 300	1 600	2 800	1 450	3 800
p' *Idem*	1 000	1 000	1 400	1 700	1 400	2 000	1 050	2 700

36. — **Rouleaux d'appui.** — Les poutres reposent sur les culées par l'intermédiaire de plaques en fonte. Pour les portées de plus de 20 mètres, on interpose des rouleaux de friction pour faciliter les mouvements de la dilatation. On peut calculer comme suit la charge maximum que ces rouleaux sont susceptibles de porter.

La poutre est liée suivant CD (*fig.* 9) à une plaque en fonte d'épaisseur ε reposant sur des rouleaux de diamètre $2r$, lesquels à leur tour s'appuient sur une plaque inférieure à embase scellée dans la maçonnerie. Le plan diamétral AB n'éprouve pas de déformation, il ne fait que s'abaisser par suite de la dépression inférieure ; si l'on admet que la face CD reste également plane après la compression, les plans CD et AB se seront rapprochés l'un de l'autre d'une quantité λ, en vertu de la pression Q exercée par la poutre, et supposée ramenée à 1 mètre de longueur de rouleau. La face inférieure de la plaque offre une dépression dans laquelle pénètre le rouleau qui s'est lui-même aplati. Le rapport $\frac{GH}{HI}$ de la compression du rouleau à celle de la plaque, pour un prisme élémentaire FM, a pour valeur $\frac{GH}{HI} = \frac{GM}{FI} = \frac{\sqrt{r^2 - x^2}}{\varepsilon}$. Pour avoir HI, par exemple, on tire de cette proportion $\frac{GH + HI}{HI} = 1 + \frac{\sqrt{r^2 - x^2}}{\varepsilon}$; or $GH + HI$ ou $GI = \lambda - r + \sqrt{r^2 - x^2}$, et par suite en désignant par E le module d'élasticité, la portion de charge que porte le prisme élémentaire FM sera :

$$dQ = E \cdot \frac{HI}{\varepsilon} = E \frac{\lambda - r + \sqrt{r^2 - x^2}}{\varepsilon + \sqrt{r^2 - x^2}} dx.$$

Pour déterminer λ, on remarque que le métal ne doit pas être soumis à un effort supérieur à R par unité de section, de sorte que λ ne pourra pas dépasser la valeur $\frac{R}{E}(\varepsilon + r)$, valeur qu'on substituera dans l'intégrale

$$Q = 2E \int_0^{\sqrt{\lambda(2r - \lambda)}} \frac{\lambda - r + \sqrt{r^2 - x^2}}{\varepsilon + \sqrt{r^2 - x^2}} dx.$$

Or l'intégrale de la forme $\int \frac{A + \sqrt{r^2 - x^2}}{B + \sqrt{r^2 - x^2}} dx$ a pour valeur :

$$\int \frac{A + \sqrt{r^2 - x^2}}{B + \sqrt{r^2 - x^2}} = C + x + 2(B - A) \text{ arc tg } \frac{\sqrt{r^2 - x^2}}{x - r} + Z,$$

C étant la constante arbitraire, et le terme Z étant égal à

$$\frac{B(A - B)}{\sqrt{r^2 - B^2}} \text{ log nép. } \frac{\frac{B\sqrt{r^2 - x^2}}{x - r} - r - \sqrt{r^2 - B^2}}{\frac{B\sqrt{r^2 - x^2}}{x - r} - r + \sqrt{r^2 - B^2}} \text{ dans le cas où } r > B;$$

à

$$\frac{2(r - A)(x - r)}{r - x + \sqrt{r^2 - x^2}} \text{ Dans le cas où } r = B;$$

et enfin à

$$\frac{2B(A - B)}{\sqrt{B^2 - r^2}} \text{ arc tg } \frac{\frac{B\sqrt{r^2 - x^2}}{x - r} - r}{\sqrt{B^2 - r^2}} \text{ lorsque } r < B.$$

Ordinairement on a $E = 0^m,100$ et le diamètre $2r$ des rouleaux $= 0^m,150$. C'est donc la dernière expression de Z qu'il y aura lieu d'appliquer, et en calculant l'intégrale définie qui donne la valeur de Q, on obtient :

$$Q = 2E \left\{ \sqrt{\lambda(2r-\lambda)} - 2(\varepsilon + r - \lambda) \left[\text{arc tg} \frac{r-\lambda}{r - \sqrt{\lambda(2r-\lambda)}} - \frac{\pi}{4} \right. \right.$$

$$\left. \left. - \frac{\varepsilon}{\sqrt{\varepsilon^2 - r^2}} \left(\text{arc tg} \frac{r + \dfrac{\varepsilon(r-\lambda)}{r - \sqrt{\lambda(2r-\lambda)}}}{\sqrt{\varepsilon^2 - r^2}} - \text{arc tg} \frac{\varepsilon + r}{\sqrt{\varepsilon^2 - r^2}} \right) \right] \right\}$$

Pour $R = 6000000$, et $E = 8000000000$, valeur applicable à des plaques épaisses de fonte, la formule donne $Q = 36370^k$ par mètre de longueur de rouleau, soit 24^k par centimètre carré de section diamétrale, valeur que nous adopterons pour le maximum.

Mais quand il y a plusieurs rouleaux, il est difficile qu'ils soient tous également chargés; pour qu'aucun rouleau ne sorte pas de sa limite d'élasticité, il est essentiel que le calage soit effectué avec soin; on doit chercher pour cela à donner un serrage égal aux clavettes au moment où le pont porte la surcharge d'épreuve. La pression sera alors inégalement répartie entre les rouleaux lorsque l'éloignement de la surcharge aura modifié la flexion de la poutre, mais cela n'a plus d'inconvénient, les rouleaux étant fort soulagés quant au poids total. Mais en pratique, il faut se donner une certaine latitude, et compter que les pressions auront toujours une tendance à se concentrer vers le parement de la culée. Si l'on admet que le centre de pression, sous pleine charge, puisse s'avancer jusqu'aux 0,60 de la portée d'appui, à partir de l'about, la pression moyenne sera les $\frac{5}{8}$ de la pression maximum 24^k, soit 15^k par centimètre carré de section diamétrale des rouleaux. Si l'on rapporte cette pression à la surface totale des plaques, il faudra défalquer le jeu entre les rouleaux, et l'on ne devra plus compter que sur environ 13^k.

On ne remédierait pas à un mauvais calage en augmentant outre mesure le nombre des rouleaux, car sous charge complète les rouleaux extrêmes ne porteraient presque plus. Au reste, qu'un rouleau soit un peu trop fatigué, il n'y aura pas en général grand inconvénient.

Sur des piles très-élevées, dans les ponts à plusieurs travées, il est bon que le roulement soit facile afin que les mouvements de la dilatation ne fatiguent pas la maçonnerie par des efforts horizontaux. Le calage devra être aussi égal que possible lorsque le pont est entièrement déchargé ou entièrement surchargé, et ce n'est que sous la charge appliquée à une seule des travées contiguës que la résultante des pressions s'écartera notablement du milieu de la face d'appui. Ce cas permettait de compter presque sur la pression maximum de 24^k pour la charge complète, soit 20^k déduction faite du jeu entre les rouleaux.

37. — **Relation entre l'ouverture, la portée et la longueur totale.**—

D'après ce qui précède, en comptant sur 13^k par centimètre carré, la portée c (*fig.* 10) de l'appui d'une poutre sur la culée pourra se calculer par la formule $c = \frac{(p + p')L}{260\,000\beta}$, L étant la longueur totale de la poutre (travée unique), et β, la largeur des plaques ou la longueur portante des rouleaux, laquelle excède ordinairement de $0^m,14$ la largeur de la semelle de la poutre, dans le cas de portée moyenne. Pour de très-grands ponts, il sera préférable d'augmenter cette dimension β, et peut-être aussi le diamètre des rouleaux, afin qu'ils offrent plus d'élasticité pour atténuer l'effet d'une inclinaison déterminée subie par la poutre fléchie.

En général, en admettant que la dimension b de la figure soit les 0,60 de c, il conviendra de faire la longueur totale L de la poutre $= 1,045\ l$. Quant au rapport de la portée effective l à l'ouverture d, il dépend de la dimension a, laquelle doit d'abord être au moins égale à $0,40\ c$, et ensuite suffisante pour que la résultante des pressions soit maintenue à une distance convenable du parement de la culée, et qu'il n'y ait pas écrasement des maçonneries. Cette condition dépend elle-même des dimensions et du fruit de la culée; mais on sera généralement dans de bonnes conditions en faisant $a = 0,025\ d$.

Ainsi, en résumé, dans les calculs de ponts, nous adopterons $l = 1,050\ d$, et $L = 1,045\ l = 1,0973\ d$.

Nous rapporterons ordinairement le poids moyen du mètre courant de poutre à la longueur totale L. Si nous obtenons le poids total P par un métré direct tenant compte des abouts, c'est $\frac{P}{L}$ qui sera le poids moyen; nous prendrons au contraire $\frac{P'}{l}$, si le poids P' résulte d'une formule théorique qui n'attribue à la poutre que la longueur l, et cela sans préjudice des corrections qui seraient encore nécessaires suivant les cas pour mieux tenir compte des abouts. Pour avoir les poids rapportés à l'ouverture, il suffira de multiplier par 1,0973, ou sensiblement par 1,10, les poids trouvés pour le mètre courant de longueur totale.

38. — Dans les *ponts biais*, l'ouverture normale étant d, et l'angle du biais étant α, l'ouverture biaise sera $\frac{d}{\sin\alpha}$, la portée effective $1,05\ \frac{d}{\sin\alpha}$ et la longueur totale des poutres $1,0973\ \frac{d}{\sin\alpha}$. Ce cas ne présente aucune difficulté : les entretoises sont normales aux poutres; quelques-unes, aux extrémités, sont boiteuses, et s'appuient sur un garde-grève oblique, reliant entre eux les abouts des poutres le long de la culée. La première entretoise complète forme avec le garde-grève et la poutre un triangle indéformable qui permettra de rendre le contreventement moins coûteux que pour un pont droit de même portée. A part cette différence, un pont biais, pour les calculs de résistance et le poids, peut s'assimiler au pont droit de portée égale.

CHAPITRE VI

CALCUL DES TREILLIS SIMPLES.

39. — **Méthodes générales.** — Le triangle est le seul polygone articulé indéformable ; c'est-à-dire qu'un triangle composé de barres inflexibles ne se déformera pas autrement que par les allongements ou raccourcissements des côtés sous l'action des forces qui leur sont appliquées. Nous appellerons *treillis simple* un réseau composé d'une série de triangles disposés comme l'indique la figure 11 ; les assemblages des barres étant regardés comme de simples articulations, les efforts de toutes les pièces se détermineront par les règles élémentaires de la statique. La charge consiste en poids distincts P, P_1,..... appliqués aux divers sommets. La réaction Q de l'appui A s'obtient facilement en considérant l'équilibre de la ferme entière. Pour avoir l'effort supporté par une pièce quelconque CE, on imagine un plan NN' qui coupe seulement cette pièce et deux autres BC, EG, et l'on pose les conditions d'équilibre de la portion du système comprise entre le plan NN' et l'appui A. On obtient trois équations distinctes, deux de projections et une de moments qui déterminent les efforts des trois pièces traversées par NN'; car ces efforts figurent comme réactions de la partie droite du treillis sur la partie considérée, et les autres forces Q, P,.... sont connues.

Mais il est facile d'éviter toute élimination. Si en effet on fait passer le plan sécant par le point C, les efforts des pièces BC, EC, ne figureront point dans l'équation des moments, et l'on aura immédiatement l'effort du tronçon EG de plate-bande, en divisant le moment de rupture autour du sommet opposé C par la perpendiculaire abaissée de C sur EG. L'effort de BC s'obtient de même en fonction du moment de rupture pris par rapport à E. Enfin, en revenant à la section NN', il suffira alors de poser l'équation des projections verticales des forces pour obtenir l'effort de la barre EC en fonction des efforts déjà déterminés de EG et de BC.

Si l'on prend le sens de bas en haut pour sens positif des forces, l'effort tranchant sera positif tant que la somme $P + P_1 + ...$ des charges entre A et NN' sera inférieure à Q, et le moment de rupture sera positif s'il tend à faire tourner dans le même sens que Q. Si l'on trouve par exemple l'effort T de la barre EC positif, cela indiquera que la portion CO de la barre tend à soulever la portion EO, et que par conséquent, la pièce CE travaille par tension ; elle sera au contraire comprimée si T est négatif. Ces conclusions changeraient si la barre était placée suivant l'autre diagonale BG.

40. — On peut aussi déterminer les efforts par des *procédés graphiques*, fondés sur la remarque qu'à chaque sommet de la triangulation les efforts

des pièces qui s'y réunissent se font équilibre, autrement, ce sommet se déplacerait.

Ainsi, en partant de la culée, on décomposera Q suivant les directions AB et AE, ce qui fera connaître les efforts de ces deux côtés. Puis en B on prendra la résultante de l'effort connu de AB et du poids P également connu, et l'on décomposera cette résultante entre BE et BC, ce qui, sauf le signe, donnera les efforts de ces dernières pièces. On continuera de même de proche en proche.

41. — Un *procédé mixte* consiste à calculer préalablement les efforts des côtés extérieurs ou tronçons de plates-bandes au moyen des moments de rupture, comme il est dit au n° 39. Alors, on pourra immédiatement, en un sommet quelconque, sans passer par les précédents, déterminer graphiquement les efforts des deux barres intérieures, qui ont pour fonction de détruire la résultante connue des efforts des deux tronçons de plate-bande et de la charge particulière qui peut se trouver appliquée au sommet considéré.

42. — Pour passer de ces considérations générales à des formules plus précises, il faut commencer par assujettir à une loi la forme même du système articulé. Considérons le *cas où les plates-bandes sont droites et horizontales.*

En appliquant à ce cas le procédé qui précède, on reconnaît immédiatement que, pour avoir l'effort d'une barre intérieure, il est inutile de connaître les efforts absolus des deux tronçons de plate-bande qui se réunissent à l'une de ses extrémités, il suffit d'avoir la différence de leurs efforts; les deux barres de treillis ayant pour fonction de contre-butter celui des deux tronçons qui exerce une poussée horizontale prédominante, et de soutenir s'il y a lieu la charge qui peut se trouver directement appliquée au sommet considéré.

Or, cette différence d'efforts dépend de l'accroissement du moment de rupture pour un intervalle donné, ou, ce qui revient au même, de l'effort tranchant. Et en effet, l'équation d'équilibre entre les forces verticales donne $\frac{F}{\sin\alpha}$ pour effort d'une barre intérieure quelconque, α étant l'angle de cette barre avec l'horizon, et F l'effort tranchant dans l'intervalle qu'elle occupe.

Ainsi, soit CDN le lieu des efforts tranchants (*fig.* 12) : l'effort d'une barre quelconque EG de la poutre ABH sera donné graphiquement par la longueur d'une droite E'G' parallèle à EG, inscrite entre l'axe des abscisses et l'horizontale représentant l'effort tranchant dans l'intervalle qu'occupe la barre considérée.

Si l'inclinaison α des barres est constante, il suffira de réduire les ordonnées du lieu CDN dans un rapport constant, pour qu'elles représentent directement à une échelle donnée, soit les efforts, soit les sections des diverses barres.

A défaut d'une épure spéciale d'efforts tranchants, le lieu *abcd....* des moments de rupture suffit pour déterminer les efforts des barres de treillis. Par exemple, l'effort tranchant relatif à la barre EG n'est autre chose que la tangente d'inclinaison de la droite *cd* par rapport à l'axe des x, en tenant compte bien entendu du rapport entre les échelles des abscisses et des ordonnées.

43. — Mais le lieu des moments de rupture est spécialement construit en vue des tables de la poutre : c'est un polygone dont les sommets correspondent aux charges P,P',..... Le volume ou le poids total de la table inférieure sera proportionnel à l'aire comprise entre l'axe des x et la ligne en gradins *aefghiklm.....*; celui de la table supérieure sera donné par *a'nopqrs...*, et l'on voit par la figure que l'ensemble des deux plates-bandes sera proportionnel à l'aire *abcd.....* du lieu des moments de rupture.

Supposons que la poutre soit chargée de poids égaux $(p+p')\delta$ placés à des intervalles égaux δ, et que la portée l soit exprimée par $N\delta$. Le polygone des moments de rupture sera parabolique, et l'aire en sera donnée par la formule obtenue au n° 6. Le double de cette aire, multiplié par $\frac{t}{h}$ (t étant le rapport $\frac{7800}{R}=0{,}0013$ du poids du mètre cube de fer à la résistance admise, et h la hauteur de la poutre), donnera pour le poids total des deux tables la valeur $\frac{(p+p')l^3}{6h}\cdot\frac{t(N^2-1)}{N^2}$, soit les $\frac{2(N^2-1)}{3N^2}$ du poids qu'elles auraient dans une poutre chargée d'une manière continue, si l'on conservait sur la longueur entière la section maxima nécessaire au milieu.

Cette expression ne change pas que N soit pair ou impair. Mais si N est pair et qu'on le remplace par $2m$, elle deviendra $\frac{(p+p')l^3t}{24.h}\,\frac{4m^2-1}{m^2}$, tandis que pour N impair et égal à $2m+1$, elle prend la forme

$$\frac{2(p+p')l^3t}{3h}\,\frac{m(m+1)}{(2m+1)^2}.$$

Dans les applications, il y a lieu de multiplier ce poids des tables par un coefficient U destiné à tenir compte des couvre-joints et autres accessoires (V. n°s 63 et suiv.).

Dans le cas plus général où les intervalles extrêmes ont une longueur a différente de δ, la portée s'exprimant par $2a+N\delta$, le poids des deux tables ensemble sera $\frac{(p+p')t}{6h}(l^3-N\delta^3-2a^3)$.

Le poids total théorique des barres de treillis peut aussi se représenter par l'aire d'un lieu géométrique, savoir celui ayant pour équation $y=\frac{Ft}{\sin\alpha\cos\alpha}$ l'inclinaison α pouvant varier d'une barre à l'autre ainsi que l'effort tranchant F. Mais s'il y avait des barres verticales, elles échapperaient à ce mode d'évaluation, et il faudrait les compter à part.

Nous allons maintenant poser les formules donnant les efforts maximums et les poids des diverses pièces de poutres droites de figure régulière. Nous nommons *contre-fiches* les barres qui se trouvent comprimées par une charge couvrant tout le pont, et *tirants* celles qui sont tendues. Mais il pourra arriver qu'une surcharge partielle change le sens des efforts. — Les contre-fiches, ou au moins une partie d'entre elles, exigent d'ordinaire un excès de section pour avoir une raideur convenable. Nous en tiendrons compte en affectant le poids théorique d'un coefficient dont la valeur moyenne est désignée par la lettre V (V. nos 68 et suiv.).

44. — **Poutre chargée en un seul point.** — La charge consiste en un poids unique P appliqué en un point C (*fig.* 13). De A en C l'effort tranchant a la valeur constante $\frac{Pb}{a+b}$; les contre-fiches, inclinées de l'angle α, supportent dans cet intervalle une compression constante $\frac{Pb}{(a+b)\sin\alpha}$, et les tirants inclinés de l'angle β une tension $= \frac{Pb}{(a+b)\sin\beta}$. Dans le second intervalle, de C en B, l'effort tranchant a la valeur négative $-\frac{Pa}{a+b}$; les contre-fiches et tirants affectent donc des directions inverses de celles qu'elles avaient entre A et C, et leurs efforts s'obtiennent de même en divisant l'effort tranchant par le sinus de l'angle d'inclinaison.

Quand une poutre supporte un poids unique, l'économie conduit à augmenter la hauteur, en réduisant le nombre des triangles formés par les barres. Par exemple, le moyen le plus économique de soutenir un poids au milieu de la portée consiste théoriquement en deux barres à 45° butant l'une sur l'autre à leur sommet, et ayant leurs pieds appuyés sur les culées et reliés par un tirant.

Si le poids unique P est mobile, l'effort maximum des barres de même inclinaison variera uniformément suivant la même loi que l'effort tranchant maximum, lequel atteint la valeur P vers l'appui, et se réduit à $\frac{1}{2}$ P au milieu.

45. — **Poutre chargée uniformément à la partie supérieure.** — Si la charge repose directement sur la table supérieure, les divers tronçons de celle-ci subiront de légères flexions partielles, mais qu'on suppose négligeables, en regardant la charge comme distribuée entre les divers sommets supérieurs proportionnellement aux intervalles. Cette charge est de deux sortes : une partie désignée par p par mètre courant, demeure en permanence sur la portée entière; l'autre partie, p' par mètre, est mobile, c'est-à-dire peut affecter soit la portée entière, soit seulement une portion quelconque de cette longueur; la lettre q désigne le rapport $\frac{p'}{p+p'}$.

En supposant toujours que les points chargés sont équidistants, nous considérerons diverses figures particulières, symétriques par rapport au milieu de la portée.

Première disposition (*fig.* 14). — Les sommets supérieurs intermédiaires supportent chacun un poids $p\delta$, et accidentellement un autre poids $p'\delta$; mais pour les deux sommets extrêmes C et D ces poids sont réduits à $\frac{p}{2}\left(\delta+\frac{h}{tg\alpha}\right)$ et $\frac{p'}{2}\left(\delta+\frac{h}{tg\alpha}\right)$. D'après le n° 5, l'effort tranchant sera maximum quand la surcharge ne s'étendra que sur une partie du pont, et l'on trouve facilement les expressions qui suivent. Les diverses pièces sont numérotées à partir du milieu en allant vers l'une et l'autre culée, car deux pièces symétriques quelconques se trouvent dans des conditions parfaitement identiques. Des prolongements AC, DB, des plates-bandes, avec montants extrêmes, seront utiles en exécution pour une charge supérieure, mais les formules n'en tiennent point compte, à moins qu'on ne les fasse rentrer dans le coefficient U.

Une contre-fiche quelconque de rang n supporte l'effort de compression maximum suivant :

$$(2n-1)\frac{p\delta}{2\sin\alpha}+\frac{p'}{4\sin\alpha\left(m\delta+\frac{h}{tg\alpha}\right)}\left\{(m+n)(m+n-1)\delta^2\right.$$
$$\left.+\left[\frac{h}{tg\alpha}+(2m+2n-1\delta')\right]\frac{h}{tg\alpha}\right\},$$

sauf la contre-fiche extrême, dont le rang est $m+1$, et qui supportera seulement $\frac{(p+p')}{\sin\alpha}\left(m\delta+\frac{h}{2tg\alpha}\right)$. Quant aux tirants, la tension du $n^{\text{ème}}$ à partir du milieu est donnée sans exception par

$$2n-1\,\frac{p\delta}{2\sin\beta}+\frac{p'}{4\sin\beta\left(m\delta+\frac{h}{tg\alpha}\right)}\left\{(m+n)(m+n-1)\delta^2\right.$$
$$\left.+\left[\frac{h}{tg\alpha}+(2m+2n-1)\delta\right]\frac{h}{tg\alpha}\right\}.$$

Les tables exigent charge complète pour être fatiguées au maximum. Le $n^{\text{ème}}$ tronçon supérieur a pour compression :

$$\frac{(p+p'h)}{2tg^2\alpha}+\frac{(p+p')\delta}{tg\alpha}\left(m-n+\frac{1}{2}\right)+\frac{(p+p')\delta^2}{2h}[m^2-(n-1)^2];$$

ce qui donne pour le premier, qui est le plus chargé :

$$\frac{p+p'}{2}\left[\frac{h}{tg^2\alpha}+\frac{(2m-1)\delta}{tg\alpha}+\frac{m^2\delta^2}{h}\right].$$

Tension du $n^{\text{ème}}$ tronçon inférieur $=\frac{p+p'}{tg\alpha}\left(m\delta+\frac{h}{2tg\alpha}\right)+\frac{(p+p')\delta^2}{2h}[m^2-(n-1)^2]$

Soit, pour le premier : $\frac{p+p'}{2}\left[\frac{h}{tg^2\alpha}+\frac{2m\delta}{tg\alpha}+\frac{m^2\delta^2}{h}\right].$

En multipliant l'effort d'une contre-fiche par sa longueur et par la quantité tV, on aura le poids de cette contre-fiche. Puis, en sommant l'expression obtenue où n prend les valeurs successives 1, 2, ... m, doublant le résultat, et ajoutant les deux contre-fiches extrêmes (de rang $m+1$) calculées à part, on trouve :

Poids total des $2(m+1)$ contre-fiches $= \dfrac{phtV}{\sin^2\alpha}\left[m(m+2)\delta + \dfrac{h}{tg\alpha}\right]$

$$+ \frac{mp'htV}{2\sin^2\alpha\left(m\delta+\dfrac{h}{tg\alpha}\right)}\left\{\frac{\delta^2}{3}(7m^2+12m-1)+\frac{h}{tg\alpha}\left[\frac{(m+2)h}{mtg\alpha}+3(m+2)\delta\right]\right\}.$$

On a ensuite, sans coefficient de raideur :

Poids total des $2m$ tirants $= \dfrac{m^2p\delta ht}{\sin^2\beta} + \dfrac{mp'ht}{2\sin^2\beta\left(m\delta+\dfrac{h}{tg\alpha}\right)}\left[\dfrac{\delta^2}{3}(7m^2-1)\right.$

$$\left.+\frac{h}{tg\alpha}\left(\frac{h}{tg\alpha}+3m\delta\right)\right];$$

puis avec un coefficient U, pour couvrejoints, etc. :

Poids total de la table supérieure $= m(p+p')\delta tU\left[\dfrac{h}{tg^2\alpha}+\dfrac{m\delta}{tg\alpha}+\dfrac{\delta^2}{6h}(4m-1)(m+1)\right]$;

Poids total de la table inférieure $= \dfrac{(p+p')h^2tU}{tg^3\alpha} + m(p+p')\delta tU\left[\dfrac{3h}{tg^2\alpha}+\dfrac{3m\delta}{tg\alpha}\right.$

$$\left.+\frac{\delta^2}{6h}(4m+1)(m-1)\right];$$

Poids total des deux tables réunies $= \dfrac{(p+p')tU}{3}\left(\dfrac{l^3}{2h}-\dfrac{m\delta^3}{h}-\dfrac{h^2}{tg^3\alpha}\right)$.

Ce dernier résultat peut s'obtenir directement au moyen de l'aire du lieu des moments de rupture (fin du n° 6).

46. — **Cas particulier** $\alpha=\beta$, et par suite $\dfrac{h}{tg\alpha}=\dfrac{\delta}{2}$, et la portée $l=(2m+1)\delta$.

Effort de la $n^{ème}$ contre-fiche ou du $n^{ème}$ tirant $= \dfrac{(2n-1)p\delta}{2\sin\alpha}+\dfrac{p'\delta[4(m+n)^2-1]}{8(2m+1)\sin\alpha}$;

A l'exception de la contre-fiche extrême, de rang $m+1$, qui supporte $\dfrac{(p+p')\delta}{\sin\alpha}\left(m+\dfrac{1}{4}\right)$;

Compression du $n^{ème}$ bout de plate-bande supér. $= \dfrac{(p+p')\delta^2}{2h}\left(m^2-n^2+m+n-\dfrac{1}{4}\right)$;

Effort maximum de la plate-bande supérieure $= \dfrac{(p+p')\delta^2}{2h}\left(m^2+m-\dfrac{1}{4}\right)$;

Tension du $n^{ème}$ bout de la plate-bande inférieure $= \dfrac{(p+p')\delta^2}{2h}\left(m^2-n^2+m+n+\dfrac{1}{4}\right)$;

Effort maximum de la plate-bande inférieure $= \dfrac{(p+p')\delta^2}{2h}\left(m^2+m+\dfrac{1}{4}\right)$.

Poids total des $2(m+1)$ contre-fiches $= \dfrac{ph\delta tV}{\sin^2\alpha}\left(m^2+2m+\dfrac{1}{2}\right)$

$$+\frac{p'\delta htV(28m^3+66m^2+35m+6)}{12\sin^2\alpha(2m+1)};$$

Poids total des $2m$ tirants $= \dfrac{m^2ph\delta t}{\sin^2\alpha}+\dfrac{mp'h\delta t(28m^2+18m-1)}{12\sin^2\alpha(2m+1)}$.

Si le coefficient V affecté aux contre-fiches seules était remplacé par un coefficient $\frac{1+V}{2}$ appliqué à l'ensemble du treillis, on aurait :

$$\text{Poids total du treillis} = \frac{(2m+1)^2(p+p')\delta h t(1+V)}{4\sin^2\alpha}\left[1+\frac{m(4m^2+6m-1)}{3(2m+1)^3}q\right].$$

Enfin, pour les tables, on a :

$$\text{Poids de la table supérieure} = \frac{m(p+p')\delta^3 tU}{12h}(8m^2+12m+1);$$

$$\text{Poids de la table inférieure} = \frac{(p+p')\delta^3 tU}{12h}\left(8m^3+12m^2+7m+\frac{3}{2}\right);$$

$$\text{Poids des deux tables réunies} = \frac{(p+p')\delta^3 tU}{6h}\left(8m^3+12m^2+4m+\frac{3}{4}\right).$$

Si α était de 45°, on remplacerait $\sin\alpha$ par $\frac{1}{\sqrt{2}}$, et δ par $2h$; on pourrait en outre substituer à m la valeur $\frac{l-2h}{4h}$.

47\. — **Autre cas particulier :** $\beta = 90°$. — On a $\sin\beta = 1$, $\frac{h}{tg\,\alpha} = \delta$; la portée deviendrait $2(m+1)\delta$, soit $2m'\delta$, en faisant $m = m'-1$. Dans les valeurs suivantes, on peut remplacer $\sin\alpha$ par $\frac{h}{\sqrt{h^2+\delta^2}}$.

Effort de la $n^{\text{ème}}$ contre-fiche (y compris la dernière, de rang m') =

$$\frac{(2n-1)p\delta}{2\sin\alpha}+\frac{(m'+n)(m'+n-1)}{4m'\sin\alpha}p'\delta;$$

$$\text{Effort du } n^{\text{ème}} \text{ tirant} = \frac{(2n-1)p\delta}{2}+\frac{(m'+n)(m'+n-1)p'\delta}{4m'};$$

$$\text{Effort du } n^{\text{ème}} \text{ bout de la plate-bande supérieure} = \frac{(p+p')\delta^2}{2h}(m'^2-n^2);$$

$$\text{Effort maximum de la plate-bande supérieure} = \frac{(p+p')\delta^2}{2h}(m'^2-1);$$

$$\text{Effort maxim. du } n^{\text{ème}} \text{ bout de plate-bande inf.} = \frac{(p+p')\delta^2}{2h}(m'+n-1)(m'-n+1);$$

$$\text{Effort maximum de la plate-bande inférieure} = m'^2\frac{(p+p')\delta^2}{2h} = \frac{(p+p')l^2}{8h};$$

$$\text{Poids total des } 2m' \text{ contre-fiches} = \frac{h\delta tV}{\sin^2\alpha}\left[m'^2p+\frac{7m'^2-1}{6}p'\right];$$

$$\text{Poids total des } 2(m'-1) \text{ tirants} = (m'-1)\delta ht\left[(m'-1)p+\frac{7m'-5}{6}p'\right];$$

$$\text{Poids total de la plate-bande supérieure} = \frac{m'(m'-1)(4m'+1)(p+p')\delta^3 tU}{6h};$$

$$\text{Poids total de la plate-bande inférieure} = m'(m'+1)(4m'-1)\frac{(p+p')\delta^3 tU}{6h};$$

$$\text{Poids total des deux plates-bandes réunies} = m'(4m'^2-1)\frac{(p+p')\delta^3 tU}{3h}.$$

48.— Dans le **cas particulier** $\alpha = 90^\circ$, les deux contre-fiches du milieu se réuniraient en une seule. Pour l et δ constants, ce cas sera un peu moins économique que le précédent.

49. — **Deuxième disposition** (*fig.* 15).

Cette disposition ne diffère de la précédente qu'en ce qu'il n'y a pas de point chargé qui tombe au milieu de la poutre. Le triangle ponctué du milieu ne travaille que sous l'action d'une charge partielle ; il offre un défaut de symétrie si α n'est pas égal à β. Les poids appliqués aux sommets extrêmes sont inférieurs aux autres, ainsi que dans la disposition précédente (n° 45).

$$\text{Effort de la } n^{\text{ème}} \text{ contre fic.} = \frac{pm\delta}{\sin\alpha} + \frac{p'}{2\sin\alpha\left(2m\delta - \delta + \frac{2h}{tg\alpha}\right)}\left\{\delta^2(m+n)(m+n-1) + \frac{h}{tg\alpha}\left[\frac{h}{tg\alpha} + \delta(2m+2n-1)\right]\right\};$$

$$\text{A l'exception de la dernière (la } m^{\text{ème}}\text{) qui supporte } \frac{p+p'}{2\sin\alpha}\left[(2m-1)\delta + \frac{h}{tg\alpha}\right];$$

$$\text{Effort du } n^{\text{ème}} \text{ tirant} = \frac{pm\delta}{\sin\beta} + \frac{p'}{2\sin\beta\left(2m\delta - \delta + \frac{2h}{tg\alpha}\right)}\left\{\delta^2(m+n)(m+n-1) + \frac{h}{tg\alpha}\left[\frac{h}{tg\alpha} + \delta(2m+2n-1)\right]\right\};$$

$$\text{Effort du } n^{\text{ème}} \text{ tronçon de table supérieure} = (m-n+1)(m+n-2)\frac{(p+p')\delta^2}{2h} + \frac{(p+p')}{2tg\alpha}\left[\delta(2m-2n+1) + \frac{h'}{tg\alpha}\right];$$

ce qui fait pour le tronçon milieu, le plus chargé :

$$\frac{m(m-1)(p+p')\delta^2}{2h} + \frac{p+p'}{2tg\alpha}\left[(2m-1)\delta + \frac{h}{tg\alpha}\right];$$

Effort du $n^{\text{ème}}$ tronçon de table inférieure =

$$(m+n-1)(m-n)\frac{(p+p')\delta^2}{2h} + \frac{p+p'}{2tg\alpha}\left[(2m-1)\delta + \frac{h}{tg\alpha}\right],$$

ce qui donne au milieu le même effort maximum que dans la table supérieure.

$$\text{Poids total des } 2m+1 \text{ contre-fiches (inclinées de l'angle } \alpha) = \frac{phtV}{\sin^2\alpha}\left[\frac{h}{tg\alpha} + \delta(m^2+m-1)\right]$$

$$+ \frac{p'htV}{6\sin^2\alpha\left(2m\delta - \delta + \frac{2h}{tg\alpha}\right)}\left\{\delta^2(14m^3+3m^2-17m+6) + \frac{3h}{tg\alpha}\left[\frac{(2m+3)h}{tg\alpha} + \delta(6m^2+6m-5)\right]\right\}$$

Poids total des $2m-1$ tirants (inclinés de β) $=$

$$\frac{m(m-1)p\delta ht}{\sin^2\beta}+\frac{p'ht}{6\sin^2\beta\left(2m\delta-\delta+\frac{2h}{tg\alpha}\right)}\left\{\delta^2(14m^3-21m^2+7m)\right.$$

$$\left.+\frac{3h}{tg\alpha}\left[\frac{(2m-1)h}{tg\alpha}+\delta(6m^2-6m+1)\right]\right\};$$

Poids total de la table supérieure $=m(4m+1)(m-1)\frac{(p+p')\delta^3tU}{6h}+\left[\frac{(2m-1)h}{2tg\alpha}\right.$

$$\left.+\left(m^2-m+\frac{1}{2}\right)\delta\right]\frac{(p+p')\delta tU}{tg\alpha};$$

Poids total de la table inférieure $=m(m-1)(4m-5)\frac{(p+p')\delta^3tU}{6h}+\left[\frac{3(2m-1)h}{2tg\alpha}\right.$

$$\left.+\left(3m^2-3m+\frac{1}{2}\right)\delta\right]\frac{(p+p')\delta tU}{tg\alpha}+\frac{(p+p')h^2tU}{tg^3\alpha};$$

Poids total des 2 tables réunies $=(2m-1)(p+p')\delta tU\left[\frac{2m(m-1)\delta^2}{3h}+\frac{l}{tg\alpha}\right]+\frac{(p+p')h^2tU}{tg^3\alpha}.$

50. — **Cas particulier** $\alpha=\beta$, et par suite $\frac{h}{tg\alpha}=\frac{\delta}{2}$. La portée est alors $2m\delta$.

Effort de la $n^{\text{ème}}$ contrefiche $=\frac{pm\delta}{\sin\alpha}+\frac{p'\delta}{4m\sin\alpha}\left[(m+n)^2-\frac{1}{4}\right]$,

Sauf la dernière ($m^{\text{ème}}$), qui supporte $(p+p')\cdot\frac{(4m-1)\delta}{4\sin\alpha}$;

Effort du $n^{\text{ème}}$ tirant $=\frac{pm\delta}{\sin\alpha}+\frac{p'\delta}{4m\sin\alpha}\left[(m+n)^2-\frac{1}{4}\right]$;

Effort du $n^{\text{ème}}$ tronçon de table supérieure $=\left(m^2-n^2+2n-\frac{5}{4}\right)\frac{(p+p')\delta^2}{2h}$;

— — inférieure $=\left(m^2-n^2+n-\frac{1}{4}\right)\frac{(p+p')\delta^2}{2h}$;

Effort maximum au milieu des tables $=\left(m^2-\frac{1}{4}\right)\frac{(p+p')\delta^2}{2h}$;

Poids total des $2m+1$ contre-fiches (compris l'un des côtés du triangle milieu) $=$

$$\frac{(2m^2+2m-1)p\delta htV}{2\sin^2\alpha}+\frac{(56m^3+48m^2-26m+3)p'\delta htV}{48m\sin^2\alpha};$$

Poids total des $2m-1$ tirants (compris l'un des côtés du triangle milieu) $=$

$$\frac{m(m-1)p\delta ht}{\sin^2\alpha}+\frac{(56m^3-48m^2-2m+3)p'\delta ht}{48m\sin^2\alpha};$$

Poids total du treillis entier $=\frac{(4m^2-1)(p+p')\delta ht(1+V)}{4\sin^2\alpha}\left[1+\frac{8m^3-2m+3}{12m(4m^2-1)}q\right]$,

(en appliquant le coefficient $\frac{1+V}{2}$ à l'ensemble);

Poids total de la table supérieure $=(16m^3-10m+3)\frac{(p+p')\delta^3tU}{24h}$;

— — inférieure $=m(8m^2+1)\frac{(p+p')\delta^3tU}{12h}$;

des deux tables réunies $=(32m^3-8m+3)\frac{(p+p')\delta^3tU}{24h}$.

Le poids de la table inférieure excède de $\frac{(4m^2-1)(p+p')\delta^3 l U}{8h}$ celui de la table supérieure.

Si l'inclinaison des barres est de 45°, leurs efforts auront pour valeur $h\sqrt{2}\left[2pn+\frac{p'}{2m}\left(m+n+\frac{1}{2}\right)\left(m+n-\frac{1}{2}\right)\right]$, à l'exception de la dernière ou $n^{\text{ème}}$ contre-fiche qui supportera $\left(2m-\frac{1}{2}\right)(p+p')h\sqrt{2}$. Le poids total du treillis $=(4m^2-1)(p+p')h^2 t(1+V)\left[1+\frac{8m^3-2m+3}{12m(4m^2-1)}g\right]$. Dans les efforts de tables on changera $\frac{\delta^2}{2h}$ en $2h$, et dans leur poids $\frac{\delta^3}{h}$ en $8h^2$. On pourra enfin dans toutes les expressions substituer à m la quantité $\frac{l}{4h}$.

51. — Le **cas particulier** $\beta=90°$ offrira un défaut de symétrie au milieu, comme le cas général. La portée l devient $(2m+1)\delta$. L'effort du $n^{\text{ème}}$ tirant vertical est $pn\delta+p'\delta\frac{(m+n)(m+n+1)}{2(2m+1)}$, et celui de la $n^{\text{ème}}$ contre-fiche quelconque est donné par la même formule divisée par $\sin\alpha$. Le $n^{\text{ème}}$ tronçon de table inférieure ou supérieure supporte

$$(m+n)(m-n+1)(p+p')\frac{\delta^2}{2h}.$$

Poids total des $2m+1$ contre-fiches $=\frac{m(m+1)\delta h t V}{\sin^2\alpha}\left(p+\frac{7}{6}p'\right)$;

— des $2m-1$ tirants $=m\delta h t\left((m-1)p+\frac{7m-5}{6}p'\right)$;

— de la table supérieure $=m(m+1)(4m-1)(p+p')\frac{\delta^3 t U}{6h}$;

— de la table inférieure $=m(m+1)(4m+5)(p+p')\frac{\delta^3 t U}{6h}$;

— des deux tables réunies $=\frac{2}{3}m(m+1)(2m+1)(p+p')\frac{\delta^3 t U}{h}$.

52. — **Troisième disposition** (*fig.* 16). — Cette disposition diffère dela première en ce que le nombre des contre-fiches égale celui des tirants, ce qui tendra à simplifier les formules. La poutre se terminant par un tirant, il suffirait qu'elle fût appuyée par le bout de la table supérieure, ainsi que l'indique la figure.

Les poids appliqués aux sommets supérieurs sont tous égaux à $p\delta$ pour la partie permanente, et à $p'\delta$ pour la surcharge. La réaction maximum de la culée, non compris le poids qu'elle porte directement, a pour valeur $\left(m-\frac{1}{2}\right)(p+p')\delta$.

Effort de la $n^{\text{ème}}$ contrefic. quelconque $=\frac{\delta}{2\sin\alpha}\left[(2n-1)p+(m+n)(m+n-1)\frac{p'}{2m}\right]$;

— du $n^{\text{ème}}$ tirant $=\frac{\delta}{2\sin\beta}\left[(2n-1)p+(m+n(m+n-1)\frac{p'}{2m}\right]$;

Effort du $n^{ème}$ tronçon de table supérieure $=\dfrac{(p+p')\delta}{2}\left[(m^2-n^2)\dfrac{\delta}{h}+\dfrac{(2n-1)}{tg\beta}\right]$;

Ce qui donne pour le 1er, vers le milieu : $\dfrac{(p+p')\delta}{2}\left[(m^2-1)\dfrac{\delta}{h}+\dfrac{1}{tg\beta}\right]$;

Effort du $n^{ème}$ tronçon de table infér. $=(m-n+1)(m+m-1)(p+p')\dfrac{\delta^2}{2h}$,

Ce qui fait pour l'effort max. au milieu : $\dfrac{m^2(p+p')\delta^2}{2h}$ ou $\dfrac{(p+p')l^2}{8h}$;

Poids total des $2m$ contre-fiches $=\dfrac{\delta h t V}{\sin^2\alpha}\left[m^2p+\dfrac{7m^2-1}{6}p'\right]$;

— des $2m$ tirants $=\dfrac{\delta h t}{\sin^2\beta}\left(m^2p+\dfrac{7m^2-1}{6}p'\right)$;

— de la table supérieure $=m(p+p')\delta^2\left[\dfrac{(4m+1)(m-1)\delta}{6h}+\dfrac{m}{tg\beta}\right]tU$;

— — inférieure $=m(p+p')\delta^2\left[\dfrac{(4m-1)(m+1)\delta}{6h}-\dfrac{2m}{tg\beta}\right]tU$;

— des deux tables réunies $=m(4m^2-1)(p+p')\dfrac{\delta^3tU}{3h}$.

La différence entre le poids de la table supérieure et celui de la table inférieure s'exprime par $m^2(p+p')\delta^2tU\left(\dfrac{2}{tg\beta}-\dfrac{\delta}{h}\right)$.

53. — **Cas particulier où** $\alpha=\beta$. La quantité $\dfrac{h}{tg\beta}$ devient $\dfrac{\delta}{2}$.

Effort des contre-fiches et tirants de rang $n=\dfrac{\delta}{2\sin\alpha}\left[(2n-1)p+(m+n)(m+n-1)\dfrac{p'}{2m}\right]$;

— du $n^{ème}$ tronçon de table supérieure $=\left(m^2-n^2+n-\dfrac{1}{2}\right)(p+p')\dfrac{\delta^2}{2h}$;

— — — inférieure $=(m-n+1)(m+n-1)(p+p')\dfrac{\delta^2}{2h}$;

Poids total des $2m$ tirants $=(p+p')\dfrac{m^2\delta h t}{\sin^2\alpha}\left(1+\dfrac{m^2-1}{6m^2}q\right)$;

— — contre-fiches = expression précédente multipliée par V;

Volume table supérieure = vol. table inférieure $=m(4m^2-1)(p+p')\dfrac{\delta^3tU}{6h}$.

Si l'inclinaison des barres est de 45°, leurs efforts se calculeront par la formule $h\sqrt{2}\left[(2n-1)p+(m+n)(m+n-1)\dfrac{p'}{2m}\right]$, et leur poids total, contre-fiches et tirants réunis, par $4m^2(p+p')h^2t(1+V)\left(1+\dfrac{m^2-1}{6m^2}q\right)$.

Le poids total des deux tables sera $8m(4m^2-1)(p+p')\dfrac{h^2tU}{3}$, et dans l'expression de leurs efforts on changera $\dfrac{\delta^2}{2h}$ en $2h$. On pourra aussi remplacer m par $\dfrac{l}{4h}$.

54. — **Cas particulier où** $\beta=90°$. — L'effort des bouts extrêmes de la table supérieure s'annule, et les tirants extrêmes sont de simples fils de

suspension nécessités uniquement par l'hypothèse que le point d'appui sur les culées est pris à la hauteur de la table supérieure. Mais si l'on supprime ces tiges de suspension, et qu'on soutienne la poutre par le bas, on retombera exactement sur le cas du n° 47. Les formules actuelles donneraient $\delta h t\left(m^2 p+\frac{7m^2-1}{6}p'\right)$ pour poids total des tirants, y compris les tiges de suspension ; mais la suppression de ces dernières réduira le poids à $(m-1)^2\delta h t\left(p+\frac{7m-5}{6(m-1)}p'\right)$, comme au numéro cité.

Dans le **cas où** $\alpha=90^\circ$, les deux contre-fiches du milieu se réunissent en une seule. Les hypothèses $\alpha=90^\circ$ ou $\beta=90^\circ$, introduites dans les formules générales du n° 52, donnent l'une et l'autre le même poids total pour les tables et pour le treillis.

55. — **Quatrième Disposition** (*fig.* 17). — Cette figure diffère de la précédente en ce que le milieu de la poutre ne coïncide pas avec l'un des points chargés, mais tombe au milieu d'un intervalle. Le triangle ponctué, au milieu, offre un défaut de symétrie si α diffère de β; il ne travaille pas quand la charge règne sur toute la longueur; l'une des barres qui le composent est regardée comme contre-fiche, l'autre comme tirant.

Effort de la $n^{\text{ème}}$ contre-fiche $=\frac{\delta}{\sin\alpha}\left[np+\frac{(m+n)(m+n+1)}{2(2m+1)}p'\right]$;

— du $n^{\text{ème}}$ tirant $=\frac{\delta}{\sin\beta}\left[np+\frac{(m+n)(m+n+1)}{2(2m+1)}p'\right]$;

— du $n^{\text{ème}}$ tronç. horiz. supér. $=(m-n+1)(m+n)(p+p')\frac{\delta^2}{2h}+(n-1)(p+p')\frac{\delta}{tg\beta}$;

— — inférieur $=(m-n+1)(m+n)(p+p')\frac{\delta^2}{2h}$;

— maximum au milieu des tables $=m(m+1)(p+p')\frac{\delta^2}{2h}$;

Poids total des $2m+1$ contre-fiches $=\frac{m(m+1)\delta h t V}{\sin^2\alpha}\left(p+\frac{7}{6}\quad\right)$;

— des $2m+1$ tirants $=\frac{m(m+1)\delta h t}{\sin^2\beta}\left(p+\frac{7}{6}p'\right)$;

— de la table supérieure $=m(m+1)(p+p')\delta^2 U\left[\frac{(4m-1)\delta}{6h}+\frac{1}{tg\beta}\right]$;

— de la table inférieure $=m(m+1)(p+p')\delta^2 U\left[\frac{(4m+5)\delta}{6h}-\frac{1}{tg\beta}\right]$;

— des deux tables réunies $=\frac{2}{3}m(m+1)(2m+1)(p+p')\frac{\delta^3 U}{h}$.

56. — **Cas où** $\alpha=\beta$.

Effort des barres de treillis $=\frac{\delta}{\sin\alpha}\left[np+\frac{(m+n)(m+n+1)}{2(2m+1)}p'\right]$;

— du $n^{\text{ème}}$ tronçon horizontal supérieur $=(m^2-n^2+m+2n-1)(p+p')\frac{\delta^2}{2h}$;

— — — inférieur $=(m+n)(m-n+1)(p+p')\frac{\delta^2}{2h}$;

Poids total du treillis $= \frac{m(m+1)\delta ht(1+V)}{\sin^2 \alpha}\left(p + \frac{7}{6}p'\right)$;

Poids total de la table supér. = poids de la table infér. $= m(m+1)(2m+1)(p+p')\frac{\delta^3 lU}{3h}$.

Si l'inclinaison est de 45°, on remplacera $\sin \alpha$ par $\frac{1}{\sqrt{2}}$ et δ par $2h$. La quantité m est alors égale à $\frac{l}{4h} - \frac{1}{2}$.

57. — Le **cas où** $\beta = 90°$ est tout pareil au cas correspondant de la 2ᵉ disposition (nº 51). Il n'y a de changé que le poids total des tirants, lequel s'élèverait ici à $m\ (m+1)\,\delta ht\left(p + \frac{7}{6}p'\right)$, par la raison que leur nombre est $2m$, au lieu d'être $2(m-1)$, les tirants extrêmes ne servant qu'à suspendre la poutre aux points d'appui supérieurs. Les bouts extrêmes de la table supérieure s'annulent, et la table inférieure s'allonge sur la portée entière.

58. — **Poutre chargée uniformément à la partie inférieure.** — Si l'on retourne sens dessus dessous les divers systèmes articulés qui viennent d'être examinés, la charge se trouvera transposée à la partie inférieure, et l'on n'aura qu'à appliquer les mêmes formules en changeant le signe des efforts ; la table inférieure sera devenue table supérieure, les contre-fiches tirants, et *vice versa*. On changera aussi α en β, et β en α, la désignation α étant toujours affectée aux contre-fiches, et β aux tirants.

Nous ne considérerons que les deux dispositions indiquées par les figures 18 et 19. La première provient du retournement de la troisième disposition (*fig.* 16, nº 52) des poutres chargées à la partie supérieure, et la seconde du retournement de la quatrième disposition (*fig.* 17, nº 55).

Les formules applicables à ces deux dispositions et à leurs cas particuliers se trouvent consignées dans le tableau VIII.

59. — **Inclinaison des barres de treillis.** — Lorsque l'inclinaison α des barres est tout à fait arbitraire, on devra la prendre égale à 45°, car une barre franchissant un intervalle δ_1 pèsera $\frac{Ft\delta_1}{\sin \alpha \cos \alpha}$, ce qui revient à $\frac{Ft}{\sin \alpha \cos \alpha}$ par mètre courant de poutre; or cette expression est un minimum quand $\alpha = 45°$.

Mais les poutres à réseau simple sont ordinairement divisées en intervalles de longueur δ donnée, lesquels forment la base de triangles dont les autres côtés sont une contre-fiche d'inclinaison α et un tirant d'inclinaison β, de sorte que ces deux angles α et β sont fonction implicite l'un de l'autre, car ils sont liés par la relation $h(\cot \alpha + \cot \beta) = \delta$, d'où $\frac{d\beta}{d\alpha} = -\frac{\sin^2\beta}{\sin^2\alpha}$, δ et h étant regardés comme des constantes données. Le poids des deux barres de l'un des triangles a pour valeur $Fht\left(\frac{V}{\sin^2\alpha} + \frac{1}{\sin^2\beta}\right)$, et il devient minimum lorsqu'on a $\frac{V\cos\alpha}{\sin^3\alpha}+\frac{\cos\beta}{\sin^3\beta}\cdot\frac{d\beta}{d\alpha}=0$, d'où $\frac{tg\alpha}{tg\beta}=V$. Il faudrait donc que les contre-fiches eussent une inclinaison plus rapprochée de la verticale que les tirants.

60. — Il est facile de résoudre la question à un point de vue plus général, consistant à attribuer des coefficients distincts à chacune des deux plates-bandes et à chacun des deux systèmes de barres, comme si par exemple ces diverses pièces étaient exécutées en matériaux différents. Dans cette hypothèse désignons par ξ, pour la table supérieure, le prix du mètre courant d'un prisme capable de supporter un effort net de 1 kil., en tenant compte des couvre-joints et autres accessoires. Soient ξ_1, ξ' et ξ'' les quantités analogues relatives à la table inférieure, aux contre-fiches et aux tirants. Enfin prenons pour exemple une poutre à charge inférieure, du système de la figure 18 (au n° 58), où l est exprimé par $2m\delta$.

Le prix total P de la poutre sera donné par les formules de poids du tableau n° VIII, en supprimant le facteur t et les coefficients U, V, et les remplaçant par les nouveaux coefficients ξ, etc. Si l'on pose $\left(1+\frac{m^2-1}{6m^2}q\right)\xi'=a$, $\left(1+\frac{m^2-1}{6m^2}q\right)\xi''=a'$, $\frac{4m^2-1}{6m}(\xi+\xi_1)+\frac{1}{2}(\xi_1-\xi)=c$, et $\frac{4m^2-1}{6m}(\xi+\xi_1)-\frac{1}{2}(\xi_1-\xi)=c'$, et qu'on remplace h par la valeur $\frac{\delta}{\cot\alpha+\cot\beta}$ et δ par $\frac{l}{2m}$, on aura :

$$P=\frac{1}{4}(p+p')l^2\left\{\frac{1}{\cot\alpha+\cot\beta}\left(\frac{a}{\sin^2\alpha}+\frac{a'}{\sin^2\beta}\right)+c\cot\alpha+c'\cot\beta\right\}+\Omega\,;$$

Ω est un terme additionnel destiné à tenir compte des pièces accessoires, telles que goussets, etc., regardées comme indépendantes de h, ainsi que des angles α et β. Les quantités a, a', c, c' sont aussi des constantes, car δ et par suite m est donné; la hauteur h est arbitraire, mais comme on l'a éliminée, il ne reste que les deux variables indépendantes α et β. Pour le minimum de la dépense, il faudra que les dérivées partielles de P, relatives à α et à β, soient nulles séparément, ce qui donnera les équations :

$$(a+c)\cot^2\alpha+(c-a')\cot^2\beta+2(a+c)\cot\alpha\cot\beta-a-a'=0,$$

et

$$(c'-a)\cot^2\alpha+(a'+c')\cot^2\beta+2(a'+c')\cot\alpha\cot\beta-a-a'=0.$$

En les retranchant l'une de l'autre membre à membre, on obtient une équation du 2e degré pour déterminer le rapport des cotang. ou des tang. On en déduit $\frac{tg\alpha}{tg\beta}=-1$, première valeur inadmissible, et $\frac{tg\alpha}{tg\beta}=\frac{2a+c-c'}{2a'-c+c'}=$

$$\frac{2\xi'\left(1+\frac{m^2-1}{6m^2}q\right)+\xi_1-\xi}{2\xi''\left(1+\frac{m^2-1}{6m^2}q\right)-\xi_1+\xi}.$$

L'élimination conduit à

$$tg\alpha = \frac{Z}{2\xi''\left(1+\frac{m^2-1}{6m^2}q\right)+\xi-\xi_1} \quad \text{et} \quad tg\beta = \frac{Z}{2\xi'\left(1+\frac{m^2-1}{6m^2}q\right)+\xi_1-\xi}$$

Z désignant le radical :

$$\sqrt{4\xi'\xi''\left(1+\frac{m^2-1}{6m^2}q\right)^2+2(\xi_1-\xi)(\xi''-\xi')\left(1+\frac{m^2-1}{6m^2}q\right)-(\xi_1-\xi)^2+\frac{2(4m^2-1)}{3m}(\xi+\xi_1)(\xi'+\xi'')\left(1+\frac{m^2-1}{6m^2}q\right)}$$

Par suite, la variable dépendante h aura, pour le minimum de dépense, la valeur :

$$h_1 = \frac{lZ}{4m(\xi'+\xi'')\left(1+\frac{m^2-1}{6m^2}q\right)}.$$

Dans une poutre entièrement exécutée en fer, il n'y a pas à distinguer différentes matières, mais la distinction des coefficients peut subsister par d'autres causes. Si, par exemple, on veut faire travailler la table supérieure au $\frac{1}{K}$ du coefficient R imposé à la table inférieure, on remplacera ξ par KUt, ξ_1 par Ut, ξ' par Vt et ξ'' par t, P désignant alors le poids total et non plus le prix de la poutre. Mais il faut remarquer que les calculs précédents supposent que l'on puisse regarder comme constants les coefficients U et V, tandis qu'il est plus exact de les considérer comme fonctions de la hauteur. Sous réserve de cette observation, lorsque les deux tables travailleront au même coefficient ($K=1$), on aura :

$$\frac{tg\alpha}{tg\beta} = V, \qquad h_1 = \frac{l}{2m(V+1)}\sqrt{V+2m\frac{4m^2-1}{6m^2+(m^2-1)q}(V+1)U}$$

61. — Des calculs analogues pour le cas où $l=(2m+1)\delta$ (*fig.* 19 du n° 58) donneraient pour le minimum de dépense :

$$\frac{tg\alpha}{tg\beta} = \frac{2\xi'\left(1+\frac{1}{6}q\right)+\xi_1-\xi}{2\xi''\left(1+\frac{1}{6}q\right)+\xi-\xi_1},$$

et

$$h_1 = \frac{lZ'}{2(2m+1)(\xi'+\xi'')\left(1+\frac{1}{6}q\right)}$$

Z' désignant le radical :

$$\sqrt{4\left(1+\frac{1}{6}q\right)\left[\xi'\xi''\left(1+\frac{1}{6}q\right)+\xi\xi'+\xi_1\xi''+\frac{2}{3}(4m-1)(\xi+\xi_1)(\xi'+\xi'')\right]+(\xi-\xi_1)^2}.$$

Pour les ponts en tôle on fera $\xi = \xi_1 = Ut$, $\xi' = Vt$ et $\xi'' = t$; et par suite on prendrait, U et V étant regardés comme à peu près constants :

$$\frac{tg\,\alpha}{tg\,\beta} = V, \quad \text{et } h_1 = \frac{l}{(2m+1)(V+1)} \sqrt{V + \frac{(16m-1)U(V+1)}{3+\frac{1}{2}q}}.$$

Mais comme une fonction varie peu dans le voisinage d'un minimum, on ne doit pas s'astreindre à suivre strictement les règles obtenues pour le meilleur rapport des inclinaisons α et β. Aussi les fait-on généralement égales entre elles, ce qui est d'un aspect plus satisfaisant.

62. — **Déformation.** — La déformation d'un réseau simple sous l'action d'une certaine surcharge sera en général facile à déterminer, étant données les sections de toutes les pièces et la figure exacte du système dans un état de charge déterminé. Alors, en effet, la surcharge dont on veut étudier l'effet produira sur les diverses parties des allongements ou des accourcissements faciles à calculer, de sorte qu'on connaîtra toutes les longueurs des pièces après la déformation, et les angles s'obtiendront ensuite par les formules trigonométriques. La figure définitive étant connue, on en déduira la flèche de courbure des tables, l'inclinaison prise par leurs extrémités, etc.

CHAPITRE VII

COEFFICIENT U APPLICABLE AUX PLATES-BANDES. — COEFFICIENT DE RAIDEUR V. — TERME SUPPLÉMENTAIRE φ. — FORME GÉNÉRALE DES FORMULES DE POIDS.

63. — **Coefficient U.** — Ce coefficient est destiné à tenir compte des couvrejoints des plates-bandes, et ensuite de l'impossibilité qu'il y a de les réduire strictement partout, en exécution, aux dimensions données par le calcul.

1° *Couvrejoints.* — La longueur des feuilles de tôle peut être d'autant plus grande que leur largeur est moindre, de sorte que les petites poutres coûteront proportionnellement moins en couvrejoints que les grandes. Mais, pour ces dernières mêmes, avec des tôles larges de $0^m,80$, par exemple, on peut compter sur des longueurs de 6 mètres. Si à chaque joint on a un couvrejoint distinct de $0^m,80$ de longueur ($0^m,40$ de chaque côté du joint), la quantité à ajouter par mètre de feuille serait $\frac{0.80}{6} = 0,134$; mais on peut réduire ce chiffre à 0,11 en considération de ce que les cornières de la table, pouvant atteindre des longueurs de plus de 12 mètres, coûteront moins en couvrejoints que les tôles. Cette quantité additionnelle des 0,11 peut être regardée comme limite supérieure du coût des couvrejoints dans le cas de tables de faible section composées d'une seule feuille horizontale, ce qui ne permet pas d'échelonner les joints.

Mais lorsque le moment de rupture maximum exige une forte section de tables, on les compose de plusieurs feuilles superposées, et alors un couvrejoint unique peut servir pour plusieurs joints placés à la suite les uns des autres à des intervalles de $0^m,40$. Par exemple, un couvrejoint de $1^m,60$ pourrait couvrir trois joints, ce qui réduirait la quantité additionnelle aux 0,089. Si l'on considère comme limite hypothétique une poutre de hauteur extrêmement faible, telle que le nombre de feuilles de semelles fût très-considérable, les couvrejoints seraient aussi longs que possible et tendraient à ne peser, par chaque joint couvert, que la moitié du poids d'un couvrejoint distinct de $0^m,80$. On pourra donc évaluer les couvrejoints en appliquant aux tables un coefficient variant de 1,06 à 1,11, suivant que celles-ci sont d'une épaisseur très-grande (comme si la hauteur était nulle), ou au contraire d'une section réduite au minimum qui puisse être adopté pratiquement pour que la poutre ait une rigidité convenable, eu égard à ses autres dimensions. On pourrait réduire un peu ces chiffres dans le cas de largeurs de tôle de $0^m,30$ ou $0^m,40$, par exemple, qui permettraient de compter sur des longueurs supérieures à 6 mètres.

A la vérité, dans les poutres lourdes, le nombre de feuilles diminue aux extrémités, et ce n'est qu'au milieu que le coefficient pourrait s'abaisser près de la limite $1^m,06$. Mais, par compensation, il arrive souvent à ces extrémités que les premiers joints des premières feuilles peuvent être couverts par de légers prolongements des feuilles de renfort.

2° *Excédants de section.* — La section des tables ne saurait être, sur toute la longueur, réduite strictement à la valeur exigée par le calcul, ce qui tient principalement au mode de variation d'épaisseur par redans, et à ce que, dans les points où le moment de rupture est faible, on ne peut cependant pas pratiquement abaisser la section au-dessous d'un certain minimum. Au lieu d'un petit nombre de feuilles à fortes épaisseurs, il y aura économie de matière à en employer un plus grand nombre sous des épaisseurs moindres. Mais, pour faire abstraction de ces épaisseurs, considérons comme ci-dessus les cas limites. Si d'abord la hauteur était nulle, le nombre des feuilles de tôle, avec les épaisseurs ordinaires, deviendrait très-grand, et les redans ne seraient plus qu'une fraction imperceptible du poids total. Si, au contraire, la hauteur atteint une valeur H, telle que la section la plus faible que l'on veuille donner aux tables soit encore suffisante au milieu, la table sera prismatique au lieu de former un volume parabolique, comme le supposent les formules pour le cas de charge continue. Pour rétablir le prisme dans son intégrité, il faudra multiplier la valeur de la formule par un coefficient de 1,50, affectant également les couvrejoints qui croissent dans la même proportion.

64. — Ainsi le coefficient total U à appliquer aux tables pour les couvrejoints et pour les excédants de section pourra être pris égal à 1,06 pour $h = 0$, et à $1,11 \times 1,50$ ou 1,66 pour la hauteur limite H, qui oblige à con-

server aux tables une section constante. On pourra donc approximativement adopter, pour une valeur quelconque de h, $U = 1,06 + 0,60 \frac{h}{H}$.

Ordinairement le volume des tables est inversement proportionnel à h, de sorte que le second terme de U donnera une quantité indépendante de h. Par conséquent, dans les recherches de hauteurs les plus économiques, ce terme constant n'influera pas, et l'on aura simplement à remplacer U par 1,06.

65. — Quand la charge n'est appliquée qu'à certains intervalles, on peut encore admettre l'expression précédente de U. Cependant, d'après l'observation du n° 43, il sera plus exact, si la portée est divisée en N intervalles, de multiplier le poids théorique par $1,50 \frac{N^2}{N^2-1}$, au lieu de 1,50, lorsqu'il y aura lieu de revenir à la forme prismatique dans le cas de la hauteur limite H. Le coefficient s'exprimerait alors par la fonction

$$U = 1,06 + \left(\frac{1,66 N^2}{N^2-1} - 1,06\right)\frac{h}{H}.$$

Dans les ponts en treillis simples, U tend encore à croître légèrement à cause des lames verticales servant à l'attache des barres, car ces lames donnent aux tables une certaine rigidité qui intervient dans la résistance en soulageant les barres obliques, mais en engendrant dans les tables des efforts de flexion et d'inégales répartitions de pression. Il convient de tenir compte de cet effet en envisageant les deux plates-bandes comme formant un tout solidaire qui résiste par son moment de résistance, et non par simple effort longitudinal comme si le système était rigoureusement articulé.

Dans les poutres chargées d'une manière discontinue, la théorie elle-même demande que les tables varient par ressauts brusques d'un tronçon à l'autre, mais on ne peut guère supprimer totalement la perte due aux redans, à cause de la difficulté de faire coïncider exactement les surépaisseurs prescrites par le calcul avec les épaisseurs ordinaires des feuilles de tôle.

66. — La hauteur limite H à considérer pour le calcul de U pourra être prise sensiblement égale à $\frac{(p+p')l^2}{8Rs_0}$, s_0 étant la section minimum que l'on veuille ou puisse donner aux tables. Par suite U, en ne considérant que les cas de charge continue, aura pour valeur $U = 1,06 + 4,80 \frac{Rs_0 h}{(p+p')l^2}$. Dans une poutre à triangles, on pourra regarder comme à peu près constants les rapports $\frac{h}{l}$ et $\frac{s_0}{h}$; ou du moins si s_0 tend à être proportionnellement un peu plus fort pour les petites poutres que pour les grandes, de sorte que U diminuerait légèrement quand h, et par suite l, augmente, en revanche les petites poutres coûtent moins en couvrejoints, et par suite on pourra regarder U comme exprimé par $1,06 + \frac{c}{p+p'}$, c étant une constante indépendante de l.

Pour les poutres pleines au contraire, les hauteurs les plus avantageuses augmentent comme les racines carrées des charges, et U devient indépendant de $p+p'$, mais il diminue un peu quand la portée augmente.

67. — Ce qui précède concerne les poutres droites. Dans les *bow-strings*, les couvrejoints auront la même valeur proportionnelle, mais si la table inférieure est droite, elle aura une section constante et ne donnera aucune perte pour redans; de plus, la section des tables se trouve utilisée jusqu'aux abouts, tandis que dans les poutres droites il y a toujours excédant de section aux extrémités. En revanche, l'arc et la corde d'une poutre cintrée sont reliés entre eux aux abouts par des panneaux pleins qu'on peut considérer comme faisant partie intégrante des tables, car ils en forment le gousset d'assemblage. Pour une faible hauteur, l'effort d'arrachement entre la corde et l'arc sera considérable, et le gousset devra avoir une grande longueur, mais aussi sa largeur moyenne sera moindre que pour une poutre à grande flèche. En définitive, le coefficient U variera assez peu dans les bow-strings, et pourra être pris de 1,25 à 1,35.

68. — **Coefficient de raideur** V. — Les pièces comprimées ont une tendance à se dévier de la direction rectiligne lorsqu'elles ont une faible section et une grande longueur; aussi est-on obligé, en pareil cas, de leur donner un excès de section, c'est-à-dire qu'au lieu de les calculer pour une pression de 6 000 000 de kil. par mètre carré, on les calculera pour une pression moindre R; ou encore, après les avoir calculées pour 6,000,000 de kil., on multipliera la section ainsi obtenue par un coefficient $V = \frac{6\ 000\ 000}{R}$.

Pour des barres plates simplement contrebutées à leurs extrémités, on peut, d'après les résultats de l'expérience, admettre les chiffres suivants :

Rapport de la longueur à l'épaisseur $\frac{l}{e}$ = ...	15	20	25	30	35	40	45	50	55	60	65	70	75	80	90	100
Travail admissible par mill. carré = ...	6,00	5,30	4,75	4,25	3,90	3,55	3,25	3,00	2,70	2,50	2,30	2,10	2,00	1,80	1,50	1,20
Coefficient d'augmentation V = ...	1,000	1,132	1,263	1,412	1,538	1,690	1,846	2,000	2,222	2,400	2,609	2,857	3,000	3,333	4,000	5,000

Les barres de poutres en treillis, étant ordinairement attachées à leurs extrémités par plusieurs rivets, peuvent être regardées comme encastrées, et il y aura surcroît de sécurité si l'on conserve les données précédentes.

Mais les barres plates ont précisément la plus mauvaise forme possible pour résister à des efforts de compression. Elles obligent à composer des treillis à mailles serrées, afin que pour chaque tronçon isolé on puisse obtenir la raideur suffisante sans donner à V une valeur trop élevée. Mais les rivures aux points de croisement ne sont pas d'une complète efficacité, car les barres comprimées sont mal soutenues par leur liaison à d'autres barres aussi flexibles qu'elles-mêmes; quand le treillis devient très-multiplié, et que par conséquent les sections deviennent très-faibles, les contrefiches pourront se fléchir par ondulations en déjetant les tirants les uns d'un côté, les autres de l'autre, effet analogue aux rides ou fronçures qui se manifestent sur une membrane mince tendue dans un cadre articulé, lorsqu'on cherche à déformer les angles de ce cadre. Il convient, par conséquent, de n'employer les treillis à barres plates que pour des poutres de faible hauteur et fortement chargées, ou bien dans le cas où la raideur de la paroi verticale serait assurée au moyen de montants saillants suffisamment rapprochés. Si ces montants n'ont pas d'autre utilité que de raidir la paroi, il vaudra généralement mieux les supprimer et renforcer directement les barres résistantes du treillis, soit par accroissement de section, soit surtout par l'adoption d'une forme meilleure, telle que celle de cornières ou fers à té. Les tirants, si rien ne s'y oppose, seront faits de la même manière, parce que leur raideur, inutile pour eux-mêmes, prête un appui utile aux contre-fiches. Quelquefois des montants sont nécessaires pour attacher des entretoises sur un côté seulement de la poutre : il suffit alors qu'ils fassent saillie de ce même côté, ce qui permettra d'exécuter une moitié des barres obliques en fers rigides dont les nervures seront tournées sur la face opposée, afin d'éviter aux points de croisement des entailles qui affaibliraient les sections (Ex. *fig.* XXXI, pl. 6).

69. — L'influence de la forme des sections étant ainsi reconnue, il reste à voir comment on appréciera la raideur dans les divers cas qui peuvent se présenter.

Or la courbure que tend à prendre une pièce comprimée est une véritable flexion, qui exige non pas une certaine aire de section, mais un moment de résistance suffisant. Dans un fer plat on peut regarder l'épaisseur comme n'étant autre chose que le rapport du moment de résistance M exprimé pour le coefficient $R=6\,000\,000$, à la section S exprimée en millim. carrés. Ainsi, pour généraliser le tableau du numéro précédent, il suffit, dans le rapport $\frac{\lambda}{e}$, appliqué à une section quelconque, de remplacer e par le rapport $\frac{M}{S}$, que l'on peut appeler *épaisseur réduite* ou *fictive*, dans le sens où la flexion est à craindre et où est pris le moment de résistance M.

70. — Lorsque des barres comprimées sont abandonnées à elles-mêmes sur toute leur longueur, comme il arrive par exemple dans les poutres à triangles simples, on devra rechercher des formes de section douées d'une raideur sensiblement *égale en tous sens*. Telle serait la forme annulaire, mais elle offre des difficultés d'exécution.

La *section en croix*, à quatre branches égales, peut être employée avantageusement; elle offre un moment d'inertie constant en tout sens. Quant au moment de résistance, qui dépend de la distance de la fibre la plus fatiguée au centre de gravité, il est $\sqrt{2}$ fois plus grand suivant les bissectrices que suivant les bras; mais comme la flexion choisira toujours l'une des directions faibles, on ne doit compter que sur une épaisseur réduite excédant peu la dimension de l'un des quatre bras, lorsque ceux-ci ont une épaisseur constante. — La figure 20 représente quelques sections en croix composées de cornières et de lames de tôle ; ce mode de composition entraîne des irrégularités d'épaisseur, et le moment de résistance s'en ressent selon que la matière est accumulée vers le centre ou vers les extrémités. Sous chacune des sections de la figure se trouve inscrite l'épaisseur réduite, prise dans le sens de moindre raideur lorsque les branches ne sont pas identiques.

71. — Le *té simple* est plus commode pour l'attache que la section en croix, et il offre aussi un léger avantage au point de vue de la résistance dans le sens de la tige. Si l'on ne considère que le moment d'inertie, il est facile de le rendre rigoureusement égal en tous sens. Il suffit pour cela de proportionner entre eux les bras et la tige de manière que le moment d'inertie suivant leurs directions respectives CD et AB (*fig.* 21) reste le même. En effet, à cause de la symétrie, les directions à 45° MN et M'N' donnent des moments d'inertie égaux : l'ellipse centrale d'inertie offrira donc deux systèmes de diamètres rectangulaires égaux, ce qui ne peut avoir lieu que dans le cercle. Mais, de même que pour la croix, le moment de résistance sera plus faible suivant les directions principales que suivant les autres; et si l'épaisseur réduite est rendue égale suivant ces deux directions, on ne comptera que sur la valeur qu'elle y possédera comme si elle restait constante en tous sens.

Le *double té* ne peut guère être rendu également résistant dans ses deux sens principaux, parce que cette condition conduirait à des semelles de largeur démesurée.

72. — Pour des barres de faible dimension, on peut employer des *cornières simples*. Cette forme offre une direction de moindre raideur suivant la bissectrice de l'angle. Si la cornière est mince et que les branches aient une largeur c, on peut regarder l'épaisseur réduite minimum comme sensiblement égale à $\frac{c}{\sqrt{2}}$ ou 0,7 c. L'ellipse centrale d'inertie d'une telle cornière a son grand axe double du petit; le moment d'inertie minimum, quart du maximum, est les $\frac{2}{5}$ du moment d'inertie suivant l'une des branches.

Comme application, soit une barre comprimée par un effort de 5 tonnes, sur une longueur libre de 3 mètres. Une cornière de $0^m,080$ de côté fournira une épaisseur réduite min. d'environ $0^m,056$, et le rapport de la longueur à cette épaisseur sera $\frac{3}{0,056} = 53$. Cette valeur autorise l'adoption de R = 2 kil. 8 par mill. carré, ce qui conduit à une section de 1 790 mill. carrés, laquelle s'obtiendra en donnant à la cornière une épaisseur moyenne égale à $0^m,012$. — Si cette épaisseur ne convenait pas, on essayerait une cornière de largeur différente de $0^m,080$.

On procédera ainsi par tâtonnement pour toute question du même genre. On peut d'avance calculer les compressions que pourront supporter, sous diverses longueurs, un certain nombre de sections types, et ces données serviront de guide pour déterminer à vue les sections modifiées qui conviendront à des cas donnés quelconques.

Quand la charge est grande et la longueur faible, on peut adopter des sections plus ramassées, et supprimer tout coefficient de raideur. Néanmoins il est bon en pareil cas de conserver un excès de rigidité.

73. — Dans les treillis multiples, une barre comprimée se trouve fixée en ses points de croisement avec d'autres barres qui sont tendues, mais qui agissent généralement avec plus d'efficacité contre une flexion dans le plan de l'âme qu'elles ne peuvent le faire contre une déviation normale à ce plan; en effet, si les tirants sont des lames flexibles, ils résisteront parfaitement à une tension dirigée dans le sens de leur longueur, mais fort mal à un effort de déviation transversal qui pourra les plier d'une manière très-sensible. Ainsi pour ce qui concerne la flexion dans le plan de l'âme, on pourra regarder la barre comprimée comme subdivisée en tronçons plus courts qu'il suffit de raidir isolément; et quant à la déviation hors du plan de l'âme, il vaudra mieux ne pas compter sur la tension des tirants, mais seulement sur leur raideur qui suppléera à ce qui manquerait à celle de la contre-fiche considérée. La liaison aux croisements peut donc améliorer le rapport de la longueur à l'épaisseur réduite, dans le plan de l'âme parce qu'elle réduit les longueurs libres, et dans le sens normal à ce plan parce que la raideur des tirants vient en aide à celle des contre-fiches. Toutefois cela ne doit pas conduire au point de vue de la rigidité, à multiplier le treillis le plus possible, car on affaiblit alors chaque barre prise individuellement, et l'on finirait par n'avoir qu'une paroi déformable exposée à se rider ou s'onduler comme une tôle mince.

74. — Considérons le cas particulier d'un *simple croisillon* formé par deux barres de même longueur et de même section : l'effort de déviation qui tend à rejeter le centre du croisillon hors du plan de l'âme rencontre une résistance égale de la part de chacune des deux barres, en négligeant l'effet spécial dû à la tension du tirant; par conséquent la contre-fiche elle-même ne sera astreinte à fournir qu'un moment de résistance ou une épaisseur réduite moitié moindre que dans le cas où elle serait isolée. Bien que sa section résistante ne soit pas augmentée, elle sera regardée comme ayant la même épaisseur réduite qu'une pièce unique formée par la superposition des deux branches du croisillon.

Lorsque le tirant aura une raideur moindre que la contre-fiche, il faudra que celle-ci soit plus raide dans le sens normal à l'âme. On pourra lui attribuer une épaisseur réduite égale à la somme de la sienne propre et de celle du tirant.

75. — Les montants de raideur que l'on applique quelquefois sur les treillis pour les consolider, fonctionnent d'une manière analogue. N'ayant pas d'effort longitudinal à supporter, l'aire de leur section importe peu, ils agissent seulement par leur moment de résistance.

Soit, par exemple (*fig.* 22), une barre flexible AB maintenue en son milieu C par un montant rigide DE. Si le montant n'existait pas, la barre AB ne pourrait être soumise à une compression de 6 kil. par millimètre carré que sous la condition que le rapport de sa longueur λ à son épaisseur réduite $\frac{M}{S}$ (nº 69) n'excédât pas 15; ce qui revient à dire qu'elle doit avoir un moment de résistance au moins égal à $\frac{\lambda S}{15}$ (la section S étant exprimée en millimètres carrés), absolument comme si le point C était soumis à un effort transversal égal à $\frac{4S}{15}$; mais puisque la barre elle-même est incapable de résister à cet effort, on peut l'imposer au montant qui devra à cet effet posséder un moment de résistance égal à $\frac{\lambda' S}{15}$, la section S étant non la sienne propre, mais celle de la barre à consolider. Ainsi, grâce à sa moindre longueur, le montant peut fournir une raideur déterminée avec un moindre moment de résistance : néanmoins, il vaut mieux, en général, renforcer la section même de la barre et supprimer le montant, car par là on diminue la pression par unité de surface, ce qui exige une moindre raideur.

Si la barre AB possède déjà par elle-même une certaine rigidité, elle pourra prendre à sa charge une portion x de l'effort de déviation en C. Elle fléchira alors d'une quantité $\frac{x\lambda^3}{48EI}$ (E = module d'élasticité, I = moment d'inertie) qui, à cause de la liaison, doit être égale à la flèche prise par le montant; cette condition donne l'équation $x\left(\frac{\lambda^3}{I}+\frac{\lambda'^3}{I'}\right)=\frac{4S\lambda'^3}{15I'}$, d'où l'on tirera x. Par suite, le montant de raideur ne sera astreint qu'à fournir un moment de résistance supplémentaire égal à $\left(\frac{4S}{15}-x\right)\frac{\lambda'}{4}$.

On pourrait appliquer des considérations analogues au cas moins simple où le point C ne serait le milieu ni de la barre ni du montant.

Pour un croisillon formé de deux barres de même section et de même longueur libre λ, on aura $x=\frac{2S}{15}$, et chaque barre fournira, comme on l'a déjà vu, un moment de résistance moitié de celui que devrait avoir la barre de compression si elle était privée de tout auxiliaire.

76. — Dans un treillis multiple à tirants flexibles, il faudra que les contre-fiches soient susceptibles d'une plus grande résistance transversale dans le sens normal à l'âme que dans celui même de l'âme. La figure 23 donne comme exemples diverses sections, avec l'indication de leur épaisseur réduite dans le sens de plus grande résistance; on voit que les formes en U ou en double T sont très-bonnes, car elles donnent des épaisseurs réduites qui dépassent de beaucoup la dimension apparente.

Si, par exemple, on doit former une pièce de 8 m. de longueur, capable de résister à une compression maximum de 10 tonnes seulement, la 5e section donne pour rapport de la longueur à l'épaisseur réduite $\frac{8}{0,159}=50$. D'après le tableau du n° 68, la pièce ne devra alors travailler qu'à 3 kil. par millimètre carré, et elle pourra supporter $3500\times 3=10500$ kil., ce qui est un peu plus que suffisant. En adoptant cette section, le coefficient de raideur serait 2,10; mais il serait plus avantageux d'adopter un fer en U de moindre poids.

77. — Le principe du *renflement* appliqué aux bielles des machines, peut aussi être adopté pour des contre-fiches de poutres très-importantes. Ou plutôt, au lieu d'un renflement apparent, on appliquerait dans le milieu de

la pièce des feuilles de renfort d'une certaine longueur, absolument comme on le fait pour des poutres chargées transversalement.

Il est toujours utile, dans les treillis multiples, de donner aux barres de tension, elles-mêmes, des sections à nervures saillantes, du moins autant qu'il est possible sans que l'aire de la section excède la valeur correspondant à un travail de 6 kil. par millimètre carré. Lorsque la longueur devient assez grande et l'effort total assez faible pour que cette condition d'aire, appliquée aux contre-fiches et aux tirants, ne permette pas de réaliser une raideur suffisante, il faut alors recourir à un coefficient d'augmentation V, lequel peut être exclusivement appliqué aux contre-fiches, ou bien partagé entre elles et les tirants lorsque rien n'empêche de donner à ceux-ci des nervures saillantes continues.

Quelquefois des dispositions accessoires contribuent à raidir la paroi des poutres; tel est le cas, par exemple, des entretoises à mi-hauteur dans la figure VII de la pl. 2.

Dans ces diverses considérations il reste sans doute une place à l'appréciation, mais elles suffiront pour reconnaître dans chaque cas les meilleures formes à adopter, et quand on le pourra à peu de frais il sera toujours bon de donner un excès de rigidité.

78. — Lorsqu'on veut estimer le plus exactement possible le poids qu'aurait une poutre remplissant certaines conditions données, mais sans avoir à faire le projet complet, on pourra procéder comme suit pour évaluer le coefficient moyen V à appliquer aux pièces comprimées du treillis.

On calcule les efforts Q_1 et Q_2 de la contre-fiche la moins fatiguée (au milieu), et de la plus fatiguée (à l'extrémité), puis, eu égard à leur longueur, on examine quelles sections il serait convenable de leur donner, et on en déduit les coefficients de raideur v_1 et v_2 spéciaux à ces deux barres. Le poids total des contre-fiches sera alors à peu près proportionnel à la moyenne $\frac{1}{2}(Q_1v_1 + Q_2v_2)$, tandis que si la question de rigidité n'intervenait pas, il serait seulement proportionnel à la moyenne $\frac{1}{2}(Q_1 + Q_2)$ des efforts limites; on peut conclure de là approximativement $V = \frac{Q_1v_1 + Q_2v_2}{Q_1 + Q_2}$.

79. — Si quelques-unes des contre-fiches extrêmes pouvaient travailler à 6 kil., le coefficient général serait plus faible encore. On chercherait alors la moindre section sous laquelle une contre-fiche peut travailler à 6 kil., eu égard à sa longueur libre et aux autres circonstances, et l'on déterminerait la charge Q_3 qu'elle porterait avec cette section; puis on ferait approximativement :

$$V = \frac{Q_2^2 - Q_1Q_3 + Q_1v_1(Q_3 - Q_1)}{Q_2^2 - Q_1^2}.$$

80. — On pourrait encore exprimer le coefficient moyen V au moyen du coefficient variable v applicable aux barres successives, en posant $V = \frac{\Sigma Fv}{\Sigma F}$. On prendrait au n° 6 les valeurs de F et de ΣF, mais pour

calculer $\Sigma F v$, il resterait à exprimer la loi de variation de v d'après celle des efforts. Or cette loi serait trop compliquée ou trop arbitraire pour qu'on arrivât par cette méthode à un résultat satisfaisant, et il est préférable de s'en tenir à la formule approximative du nº 78.

81. — En augmentant la hauteur d'une poutre, on affaiblit sa paroi verticale, ce qui oblige à élever la valeur du coefficient V pour conserver une rigidité suffisante.

Pour chercher le *mode de variation de* V *avec la hauteur h* de la poutre, on peut remarquer d'abord que d'après les valeurs du tableau du nº 68, tant que le rapport $\frac{\lambda}{e}$ n'excède pas 50 ou 55, V serait assez bien représenté par la fonction $0,57 + \frac{1}{35}\frac{\lambda}{e}$, sous la réserve qu'il ne peut pas devenir inférieur à l'unité. Dans cette expression, l'épaisseur réduite e dépend de la forme et de l'aire de la section, et cette aire est fonction de la charge Q que supporte la pièce et du coefficient V : elle s'exprime par $\frac{QV}{R}$.

Si la section varie de telle sorte qu'en la divisant par l'épaisseur réduite, le quotient b soit constant, on aura $e = \frac{QV}{Rb}$, et par suite $V = 0,57 + \frac{1}{35}\frac{R\lambda b}{QV}$ d'où $V = 0,29 + \sqrt{0,082 + \frac{R\lambda b}{35Q}}$. Par exemple, pour les poutres à triangles ou à croisillons, en exprimant la longueur λ des barres et leur effort Q au moyen de la hauteur h de la poutre et de l'effort tranchant F, on aura $V = 0,29 + \sqrt{0,082 + \frac{Rb}{35F}h}$. Pour un treillis multiple de degré i, on changerait seulement F en $\frac{F}{i}$.

Si la section variait en restant semblable à elle-même, le quotient du carré de la section par l'épaisseur réduite serait constant, et V serait déterminé par une équation du troisième degré.

Ainsi, en s'en tenant au cas le plus simple considéré d'abord, V s'exprimerait en fonction de la hauteur par des formules de la forme $a + \sqrt{b + ch}$. Mais comme il n'y a rien d'absolu dans la valeur de ce coefficient, ni dans le rapport de la section à l'épaisseur réduite, à cause de la grande diversité des formes, on peut se contenter, dans les recherches de hauteurs les plus économiques, de remplacer V par une fonction rationnelle du premier degré $a + bh$, déterminée au moyen de deux valeurs particulières de ce coefficient pour des hauteurs qui ne soient pas trop différentes l'une de l'autre et comprenant entre elles la hauteur cherchée. Cela revient à remplacer un arc de courbe par sa corde.

82. — D'autres circonstances que la condition de raideur peuvent obliger à augmenter le poids de la paroi verticale au delà des prévisions théoriques. Par exemple, dans un treillis multiple où les barres sont très-nombreuses, on ne fait pas varier leur section d'une manière tout à fait continue, mais seulement par groupes successifs, de façon que la plupart d'entre elles offriront de légers excédants de poids. Puis dans les parties où l'ef-

fort tranchant est faible, il arrive souvent qu'on ne peut pas pratiquement rendre les barres aussi grêles que le demanderait le calcul. D'ailleurs, quand la section est faible, un seul trou de rivet l'affaiblit proportionnellement beaucoup : autre motif pour forcer les dimensions. Ces diverses augmentations pourraient donner lieu à un nouveau coefficient appliqué à l'ensemble des pièces de la paroi verticale, mais il sera plus simple d'en tenir compte en élevant suffisamment la valeur de V.

83. — **Terme supplémentaire Ω.** — Pour compléter l'évaluation du poids d'une poutre, il y a à tenir compte de certaines pièces accessoires dont les dimensions sont à peu près indépendantes de la hauteur de la poutre, et que l'on peut réunir sous forme d'un terme additionnel constant Ω. Tels sont par exemple, dans les treillis, les goussets de croisement, et s'il y a lieu, les goussets d'attache ou bien des couvre-joints et fourrures ayant pour but de faire travailler les rivets à double section. En revanche, ces pièces spéciales d'attache sont en partie compensées par le fait que les barres de treillis se terminent vers le bord des cornières longitudinales des tables, de sorte qu'elles ont une longueur un peu inférieure à celle qui entre dans les formules. Quelquefois certaines pièces accessoires peuvent être regardées comme croissant en quelque mesure avec la hauteur, et on pourra les faire rentrer dans les coefficients U ou V selon qu'elles appartiennent aux tables ou à la paroi verticale.

84. — **Forme générale des formules donnant le poids des poutres, et hauteurs les plus avantageuses.** — Le poids total d'une poutre s'obtiendra en ajoutant les termes relatifs aux tables, à la paroi verticale, et aux accessoires indépendants de la hauteur. En divisant par la portée, on aura le poids moyen du mètre courant de poutre.

Dans ce poids moyen, les tables entreront pour une quantité exprimée par $\frac{2G/U}{h}$, G désignant l'ordonnée moyenne du lieu des moments de rupture maximum (c'est-à-dire $\frac{1}{12}(p+p')l^2$ dans le cas de travée unique et de charge continue). Comme U est de la forme $a+bh$ (n° 64), les tables se divisent en une partie inversement proportionnelle à h, et une partie constante.

Dans les poutres à triangles simples ou à croisillons, δ étant constant, l'inclinaison des barres est fonction de la hauteur, et les pièces de la paroi verticale font généralement, par mètre de longueur de poutre, un poids de la forme $\frac{G'l(1+V)}{l\delta}\left(h+\frac{\delta^2}{4h}\right)$, G' désignant l'ordonnée moyenne du lieu des efforts tranchants maximums, ordonnée qui a la valeur $\frac{1}{4}(p+p')l\left(1+\frac{1}{6}q\right)$ dans le cas d'une charge continue. En admettant que $1+V$ s'exprime par $a+bh$ (n° 81), le poids dont il s'agit donnera naissance à des termes en h^2, en h, en $\frac{1}{h}$ et à un terme constant.

Dans les poutres à treillis multiples où l'inclinaison des barres est de 45°, ou bien conserve telle autre valeur constante, comme aussi dans les poutres à âme pleine, la paroi théorique aurait un poids constant. Mais, en pareil cas, la raideur s'obtient généralement par l'addition de nervures spéciales, verticales ou inclinées, dont la section et la longueur croissent toutes deux avec h, de sorte que leur poids s'exprimera sous la forme $(k + k'h)h$.

85. — Ainsi, en résumé le poids du mètre courant de poutre sera généralement donné par des formules de la forme suivante :

$$\frac{P}{l} = \frac{A}{h} + B + Ch + Dh^2.$$

La hauteur correspondante au minimum de dépense sera donnée par l'équation du troisième degré :

$$A = (C + 2Dh)h^2,$$

d'où l'on tire la valeur réelle:

$$h = \sqrt[3]{\frac{1}{4D}}\left\{\sqrt[3]{A - \frac{C^3}{54D^2} + \sqrt{A^2 - \frac{AC^3}{27D^2}}} + \sqrt[3]{A - \frac{C^3}{54D^2} - \sqrt{A^2 - \frac{AC^3}{27D^2}}}\right\} - \frac{C}{6D}.$$

Mais comme il suffit toujours de connaître cette hauteur à 1 décimètre près, on aura plus vite fait de résoudre l'équation par tâtonnement. — Une fonction ne variant que lentement dans le voisinage d'un minimum, on pourra sans augmenter sensiblement la dépense adopter des hauteurs plus faibles que celles données par le calcul, ce qui sera d'autant plus motivé que les pièces d'entretoisement augmentent en général avec la hauteur. On pourrait, il est vrai, chercher directement les conditions du minimum de poids pour le tablier complet, et non seulement pour une poutre isolée.

86. — Quelquefois, pour simplifier, on pourrait regarder V comme un coefficient fixe qu'il sera à propos de forcer suffisamment ; cela reviendra à se donner une somme à valoir pour la rigidité du treillis et autres circonstances entraînant des excédants de poids. Alors, V étant constant, on arrivera pour les treillis simples à des formules de la forme :

$$\frac{P}{l} = \frac{A}{h} + B + Ch,$$

et, en prenant $h = \sqrt{\frac{A}{C}}$, on aura pour valeur minimum :

$$\frac{P}{l} = 2\sqrt{AC} + B.$$

On voit aisément qu'une altération, même assez notable, de la hauteur influe peu ; car si, par exemple, au lieu de $\sqrt{\frac{A}{C}}$, on prend $h = k\sqrt{\frac{A}{C}}$, le terme $2\sqrt{AC}$ serait seulement changé en $2\sqrt{AC}\,\frac{1 + k^2}{2k}$.

Or $k = 0,9$ donne $\frac{1+k^2}{2k} = \ldots\ldots$	1,0056	Et $k = 1,1$ donne $\frac{1+k^2}{2k} = \ldots\ldots$	1,0045
0,8	1,0250	1,2	1,0167
0,7	1,0643	1,3	1,0346
0,6	1,1333	1,4	1,0571
0,5	1,2500	1,5	1,0833
0,4	1,4500	2,0	1,2500

Une augmentation de hauteur au delà de $\sqrt{\frac{A}{C}}$ produit une perte moindre qu'une diminution égale, mais c'est presque toujours une diminution que l'on opérera.

On devra vérifier après coup si la hauteur $\sqrt{\frac{A}{C}}$, ou du moins la hauteur réduite que l'on adoptera, n'exige pas une valeur de V supérieure à celle que l'on a introduite dans le calcul.

Cette méthode fournit des hauteurs trop grandes ; aussi la réduction qu'il convient de leur faire subir, sera-t-elle plus considérable que lorsqu'on emploie la méthode plus exacte du numéro précédent.

CHAPITRE VIII

POUTRES A TRIANGLES SIMPLES.

87. — **Formules du poids par mètre courant, dans le cas de barres d'égale inclinaison.** — Pour avoir le poids total P de poutres à triangles simples formés par des barres d'égale inclinaison, il suffira d'additionner les poids des tables, des contre-fiches et des tirants, donnés par les formules du chap. VI, pour les cas particuliers où $\alpha = \beta$. Comme la longueur totale de la poutre excède sa portée, nous ne donnerons que les poids par mètre courant, obtenus en divisant P par la portée l, et il est entendu que lorsqu'on voudra connaître le poids total, abouts compris, il faudra multiplier le poids du mètre courant, non pas par la portée, mais par la longueur totale, soit par $1,045l$ ou $1,097d$, d étant l'ouverture libre, suivant ce qui a été dit au n° 37.

1° *Charge à la partie inférieure.* — Si $l = 2m\delta = N\delta$, on aura, Ω étant un terme additionnel pour les accessoires indépendants de h :

$$\frac{P}{l} = \frac{1}{2} m(p+p')t \left(1 + \frac{m^2-1}{6m^2} q\right) \left\{ \frac{\delta^2}{h} \left[\frac{(4m^2-1)U}{3m + \frac{m^2-1}{2m} q} + \frac{1+V}{4} \right] + h(1+V) \right\} + \Omega,$$

ou bien

$$\frac{P}{l}=\frac{1}{4}(p+p')tl\left(1+\frac{N^2-4}{6N^2}q\right)\left\{\frac{l}{Nh}\left[\frac{2}{3}\cdot\frac{N^2-1}{N}\cdot\frac{U}{1+\frac{N^2-4}{6N^2}q}+\frac{1+V}{4}\right]+\frac{Nh}{l}(1+V)\right\}+\Omega$$

formule applicable quand N est pair.

Lorsque $l=(2m+1)\delta=N\delta$, on a :

$$\frac{P}{l}=\frac{m(m+1)(p+p')t}{2m+1}\left(1+\frac{1}{6}q\right)\left\{\frac{\delta^2}{h}\left[\frac{2}{3}(2m+1).\frac{U}{1+\frac{1}{6}q}+\frac{1+V}{4}\right]+h(1+V)\right\}+\Omega;$$

ou

$$\frac{P}{l}=\frac{1}{4}.\frac{N^2-1}{N}(p+p')tl\left(1+\frac{1}{6}q\right)\left\{\frac{l}{Nh}\left(\frac{2U}{3+\frac{1}{2}q}+\frac{1+V}{4N}\right)+\frac{h}{l}(1+V)\right\}+\Omega,$$

formule applicable pour N impair.

Les tables ne changent point, que N soit pair ou impair, mais le treillis diminue légèrement pour N impair, dans le rapport de N^2-1 à N^2.

2°. — *Charge à la partie supérieure.* — Pour $l=2m\delta=N\delta$, on aura :

$$\frac{P}{l}=\frac{1}{48m}(p+p')t\left[6(4m^2-1)+\left(4m^2-1+\frac{3}{2m}\right)q\right]\left\{\frac{\delta^2}{h}\left[\frac{(32m^3-8m+3)U}{6(4m^2-1)+\left(4m^2-1+\frac{3}{2m}\right)q}+\frac{1+V}{4}\right]+h(1+V)\right\}+\Omega,$$

ce qui revient à peu près à :

$$\frac{P}{l}=\frac{N^2-1}{4N}(p+p')tl\left(1+\frac{1}{6}q\right)\left\{\frac{l}{Nh}\left[\frac{2U}{3+\frac{1}{2}q}+\frac{1+V}{4N}\right]+\frac{h}{l}(1+V)\right\}+\Omega,$$

formule identique à la dernière du cas où la charge est inférieure, sauf qu'ici N est pair.

Enfin si $l=(2m+1)\delta=N\delta$, on a :

$$\frac{P}{l}=\frac{1}{12}(p+p')t\left[3(2m+1)^2+m.\frac{4m^2+6m-1}{2m+1}q\right]\left\{\frac{\delta^2}{2h}\left[\frac{32m^3+48m^2+16m+3}{3(2m+1)^3+m(4m^2+6m-1)q}U+\frac{1+V}{2}\right]+\frac{h(1+V)}{2m+1}\right\}+\Omega$$

Ou sensiblement :

$$\frac{P}{l}=\frac{1}{4}(p+p')tl\left(1+\frac{1}{6}q\right)\left\{\frac{l}{Nh}\left[\frac{2}{3}\cdot\frac{N^2-1}{N}\cdot\frac{U}{1+\frac{1}{6}q}+\frac{1+V}{4}\right]+\frac{Nh}{l}(1+V)\right\}+\Omega,$$

formule où N est impair, et qui est sensiblement la même que la première du cas 1°.

88. — **Exemples.** — 1° *Poutre de 28 m. de portée, à charge supérieure de 3 500 kil. par mètre* (figure XXV, pl. 4); $p = 1\,100$ kil. (dont 400 pour le poids propre de la poutre), $p' = 2\,400$ kil. (demi-voie), $q = 0{,}686$, $m = 4$ et par conséquent $\delta = 3^m{,}50$, $h = 3^m{,}30$.

Comme la poutre est peu chargée, il faut chercher à diminuer le plus possible la section minima des semelles, sans cependant trop réduire leur largeur que nous fixerons à $0^m{,}400$. Pour pouvoir restreindre la largeur des lames verticales, on a placé de distance en distance des goussets saillants, permettant d'attacher convenablement les contre-fiches et tirants. Les efforts maximums des barres sont cotés sur le dessin. Les contre-fiches les plus chargées ont une section en forme de croix favorable à la raideur en tous sens; l'une des cornières passe par derrière le gousset afin de n'être pas rognée aux extrémités, et il résulte de là que quelques-uns des rivets d'attache travaillent à double section. Au lieu d'une fourrure continue, rachetant l'épaisseur du gousset pour rendre cette cornière solidaire du reste de la barre, il suffit d'interposer des cales d'une faible longueur. Les barres du milieu exigent moins de rivets d'attache, mais il a fallu forcer leur section théorique pour obtenir la raideur convenable.

La lame verticale inférieure n'a que $0^m{,}300$ de largeur; mais la supérieure n'a pu être abaissée au-dessous de $0^m{,}350$, parce que la table doit avoir de la raideur pour résister à la compression, parce que dans le cas actuel elle peut être appelée à fonctionner comme longeron, enfin, parce qu'on peut avoir besoin d'y attacher un encorbellement léger, auquel cas cette largeur de $0^m{,}35$ est à peine suffisante. On pourra placer les consoles au milieu des intervalles pour qu'elles ne gênent pas l'attache des barres. C'est uniquement pour former longeron qu'on a dû prolonger la semelle supérieure, et ajouter aux abouts des montants verticaux.

Le métré donne 11 200 kil. pour poids total de la poutre, soit 380 kil. par mètre courant.

Les tables pèsent ensemble 8 070 kil., en y comprenant les goussets pour l'attache des barres; mais pour déterminer la valeur de U, il convient de considérer seulement le poids de 7 400 kil. que l'on obtient en défalquant les saillies des goussets, et en ne comptant avec la lame verticale que les couvre-joints qui lui seraient nécessaires si elle n'eût été interrompue à de courts intervalles par les goussets. En divisant par la longueur totale $29^m{,}40$, on trouve que les semelles font ensemble 252 kil. par mètre courant. La formule donnerait 177,3 U; on aura donc $U = \frac{252}{177{,}3} = 1{,}42$, valeur qui tient compte des prolongements extrêmes.

Quelque grande que fût la hauteur de la poutre, on ne pourrait guère composer les semelles de moins de deux cornières de 100/100/12 millimètres, une lame verticale de 300/10 et une feuille horizontale de 350/8; cela formerait une section suffisante au milieu si la hauteur était $5^m{,}50$, et qui resterait constante pour la portée entière. D'après la formule du n° 64, on retrouverait alors par évaluation $U = 1,06 + 0,60 \frac{3,30}{5,50} = 1,42$.

Le surcroît de poids 670 kil. occasionné par la présence des goussets, se réduit à 500 kil. en le diminuant de l'économie obtenue par le fait que la longueur effective des barres est un peu moindre que leur longueur théorique, puisqu'elles se terminent au bord des cornières des semelles. On en conclut que Ω est ici égal à $\frac{500}{29,40} = 17$ kil. par mètre courant de poutre, soit les 0,047 du poids total des pièces principales. C'est beaucoup, mais il serait permis de réduire cette valeur en ne donnant que 8 millimètres d'épaisseur aux goussets.

Les barres obliques pèsent 2 600 kil., mais comme l'économie faite sur leur longueur vient d'être attribuée au terme Ω, il faut leur supposer le poids 2 770 kil. qu'elles auraient avec les longueurs théoriques. En comparant avec la formule, cela donne $V = 1,34$.

Si l'on avait voulu évaluer approximativement V sans faire de métré complet, on aurait considéré seulement une barre extrême et une barre du milieu. Celle-ci, pour un effort maximum $Q_1 = 9\frac{1}{2}$ tonnes, donne $V_1 = 2,26$ avec la section adoptée, et l'autre par un effort $Q_2 = 52^{T},6$ donne $V_2 = 1,07$, en tenant compte de la cale. La formule du n° 78 donne alors $V = \frac{Q_2V_2 + Q_1V_1}{Q_2 + Q_1} = 1,29$, valeur qu'il y aurait lieu de forcer un peu par la raison que, dans les formules, l'une des barres du triangle milieu a été regardée comme tirant et exemptée à ce titre du coefficient V, tandis qu'en réalité les deux barres de ce triangle doivent pouvoir fonctionner chacune à tour de rôle, soit comme contre-fiche, soit comme tirant.

Pour discuter la hauteur de la poutre, il faut d'abord chercher une expression approximative de V en fonction de la hauteur. A cet effet, considérons par exemple une hauteur de 5 mètres; on aurait alors $Q_2 = 48^{T},6$ et $Q_1 = 8^{T},7$, et la longueur libre des barres entre goussets atteindrait environ 4 mètres. Pour la plus chargée, une section en croix à quatre bras de 150/10 réunis par quatre cornières de 70/70/10 donnerait $V_2 =$ environ 1,40; et pour la barre plus faible une croix composée seulement d'une lame de 140/6 et de deux cornières de 70/70/10 donnerait $V_1 = 2,40$. On conclut de là $V = 1,55$, soit 1,60 à cause de l'observation faite plus haut. Connaissant les valeurs de V pour deux hauteurs différentes, on voit qu'on pourra adopter à peu près $1 + V = 1,70 + 0,19\,h$.

Substituant cette expression dans la formule du numéro précédent (cas 2° pour N pair), on trouve que le minimum de dépense est donné par une hauteur d'environ $4^{m},40$. En effet, avec cette hauteur on aurait $1 + V = 2,54$, $U = 1,54$, et par suite le poids du mètre courant descend à 350 kil., Ω compris; au lieu que, avec $h = 3^{m},30$, $1 + V = 2,33$, $U = 1,42$, la formule donne 370 kil. Ces poids devront être un peu forcés pour tenir suffisamment compte des montants extrêmes qui ne font pas à proprement parler partie de la poutre, mais servent seulement à soutenir le rail sur la culée. On voit que si la hauteur disponible le permet, il pourra être de quelque utilité d'augmenter légèrement la hauteur du projet, de la porter à $3^m,60$ par exemple, mais il serait inutile d'aller au delà, car les pièces d'entretoisement augmenteraient sans procurer un bénéfice sensible sur la poutre. On aurait pu, d'une manière plus générale, chercher la hauteur la plus avantageuse en considérant l'ensemble du tablier, et exprimant les pièces d'entretoisement elles-mêmes comme une fonction croissant avec h.

89. — 2° *Poutre de* 56 *mètres de portée, avec charge inférieure de* 7 000 *kil. par mètre* (*fig.* XXVI, *pl.* 4); $p = 3\,000$ kil. (dont 1 300 kil. pour le poids propre de la poutre), $p' = 4\,000$ kil., $q = 0,572$, $m = 4$ ou $N = 8$, $\delta = 7^m$, $h = 7^m$.

La surcharge admise suppose les deux voies chargées simultanément; sans cela, pour une seule voie chargée, p' ne dépasserait pas 3 000 kil., et l'on pourrait réduire d'environ $\frac{1}{7}$ le poids de la poutre, en consentant à ce qu'elle travaille à 7 kil., au lieu de 6 dans le cas exceptionnel du croisement de 2 trains lourdement chargés.

L'intervalle δ n'a pu être élevé à 7 mètres qu'en supposant deux entretoises par tronçon, ce qui soumet la table inférieure à des efforts de flexion, mais ces efforts sont à peu près négligeables, eu égard à la forme de la section et aux autres dispositions adoptées.

Les efforts des pièces sont résumés ci-après :

	TABLE SUPÉRIEURE.				TABLE INFÉRIEURE.				CONTRE-FICHES ou tirants.			
Numéros des tronçons ou des barres......	1	2	3	4	1	2	3	4	1	2	3	4
Efforts maxima en tonnes..............	392	368	294	172	386	337	239	92	51	94	141	192

Les tables ont la forme de caissons à âme double, ce qui permet des attaches puissantes des barres. Les deux triangles voisins de la culée sont en outre pourvus à leurs extrémités de couvre-joints formant fourchette pour faire travailler la majeure partie des rivets à double section. Par ce moyen, on peut placer sur chaque lame une trentaine de rivets dont 24 travaillent à double section, ce qui réalise pour le pied du tirant extrême, par exemple, un total de 108 sections de cisaillement, capable de résister à 216 tonnes si les rivets ont $0^m,025$. L'épaisseur des doubles lames verticales est de $0^m,012$; au dernier triangle il convient de les renforcer pour augmenter la résistance au déchirement; ce but est atteint par l'addition de larges goussets de $0^m,012$; au pied du tirant extrême il n'y a pas de gousset en saillie, mais l'épaisseur de la lame se trouve doublée par le prolongement d'un couvre-joint.

Pour l'attache des triangles intermédiaires, il est inutile de recourir au double cisaillement.

Les contre-fiches ont une forme en caisson très-favorable à la résistance, à la compression, attendu que le moment de résistance est rendu aussi grand que possible dans les deux sens. La lame transversale de 400/8 n'est pas comptée dans la section travaillante, elle a été ajoutée pour rendre les autres pièces de la barre solidaires entre elles, et elle constitue le principal élément du coefficient V. Son effet est complété par trois tringles d'écartement placées à l'autre bord, à intervalles égaux, sur le côté ouvert du caisson.

Les tirants sont composés de deux flasques laissées isolées, sauf dans la barre du milieu qui est aussi bien contre-fiche que tirant, et qui a été à ce titre raidie par une tôle d'entretoisement continue. On aurait pu réaliser quelque économie en remplaçant ces tôles continues par de légers treillages, mais elles ont l'avantage de donner plus de corps aux pièces et de diminuer la pression par unité de surface.

La poutre pèse 75 tonnes, soit 1 293 kil. par mètre courant de la longueur (58 mètres).

Les tables avec leurs couvre-joints pèsent 50 tonnes, soit 862 kil. par mètre, ce qui conduit à $U = 1,29$.

Les plaques ou goussets ajoutés aux barres extrêmes pour faire travailler les attaches à double section, sont en partie couverts par l'économie résultant de ce que les longueurs des barres sont un peu moindres que les longueurs théoriques. L'excédant 2 050 kil., augmenté de la cornière formant main courante, devient 2 400 kil., soit $\Omega = 42$ kil. par mètre courant ou les 0,032 du poids total.

Les barres elles-mêmes font un poids de 22 600 kil., non compris les accessoires comptés dans Ω. On déduit de là $V = 1,25$.

Ici la forme favorable à la raideur donnée aux contre-fiches permettrait d'élever la hauteur sans augmenter beaucoup V. Ce sera largement compter que de se donner, par exemple, $1 + V = 1,55 + 0,10h$ dans le voisinage de la hauteur 7 mètres. La meilleure hauteur est alors théoriquement donnée par l'équation $h^2(h + 7,75) = 1 346$, et est d'environ 9 mètres. En effet, avec cette valeur on aurait $V = 1,43$, $U = 1,36$, et, par suite, le poids $= 1,250$ kil. par mètre, Ω compris ; au lieu que, avec $h = 7$, $V = 1,25$, $U = 1,29$ et $\Omega = 42$, la formule donne 1 295 kil., ce qui s'accorde avec le métré direct.

Au reste, ces deux poids diffèrent peu, ce qui justifie l'adoption de la hauteur 7 mètres, moins embarrassante.

90. — Le but des formules de poids est de permettre d'évaluer le coût d'une poutre soumise à des conditions données, sans être obligé d'en faire le projet et le métré. Seulement, si l'on veut arriver à une certaine exactitude, il convient de se rendre compte approximativement des dispositions que l'on pourra adopter et qui influent sur U et V.

Comme exemple, supposons qu'on demande le poids d'une poutre de même figure que celle de 56 mètres que l'on vient d'étudier, mais dont la charge serait réduite à moitié (3 500 kil. au lieu de 7 000). Il sera bon de conserver les contre-fiches en caisson et les tables à double lame, mais ces dernières lames pourront n'avoir par exemple que $0^m,400$ de largeur sur $0^m,012$ d'épaisseur, car les attaches exigeront moitié moins de rivets. Si la moindre section de la table comprend en outre une tôle horizontale de 550/8 et quatre cornières de 100/100/12, elle deviendrait suffisante au milieu quand la hauteur de la poutre s'élèverait à 12 mètres, de sorte qu'on peut estimer U à $1,06 + 0,60 \frac{7}{12} = 1,41$.

Maintenant la contre-fiche la plus forte supportant $96^T = Q_2$, aurait une raideur convenable en lui donnant la forme d'un caisson comprenant deux tôles latérales de 350/11, une tôle de fond de 350/8, et quatre cornières de 100/100/12, ce qui attribuerait à cette barre un coefficient $v_2 = 1,22$. La contre-fiche la plus faible, pour l'effort $Q_1 = 25 \frac{1}{2}$ tonnes, peut être formée de deux tôles latérales de 220/6, une tôle de fond 350/6, et quatre cornières 60/60/8, ce qui fera $v_1 = 1,96$. Par suite, on évaluera le coefficient général de raideur à $V = \frac{Q_2 v_2 + Q_1 v_1}{Q_2 + Q_1} = 1,38$.

Avec les valeurs ainsi trouvées pour U et V, la formule donnera 680 kil. pour poids du mètre courant de poutre, valeur que l'on forcera un peu pour tenir compte de Ω, en remarquant toutefois que ce terme additionnel sera notablement plus faible que dans le cas de la charge double.

Les valeurs de U et V sont assez élevées, mais on les réduirait un peu en adoptant une hauteur moindre que 7 mètres, ce qui serait motivé pour une charge réduite à 3 500 kil.

91. — **Tableaux des poids.** — La meilleure hauteur est fonction implicite de la charge, en vertu de V qui diminue quand la charge augmente. Il convient donc, pour adopter des données convenables, de distinguer le cas de poutres faiblement chargées, ne portant qu'un seul rail par exemple, et celui de poutres lourdement chargées, ou portant voie entière. Dans le premier cas, nous supposerons qu'on adopte $h = 0,11\,l$, et dans le second $h = \frac{1}{8} l$.

Si, dans la formule du nº 66, on suppose $\frac{R s_0}{h} = 20\,000$, on aura pour une poutre portant 3 500 kil., et dont la hauteur est les 0,11 de la portée, $U = 1,06 + \frac{4,8 \times 20\,000 \times \overline{0,11}^2}{3\,500} = 1,39$, soit 1,40 ; et pour une poutre portant 7 000 kil., et dont la hauteur est égale à $\frac{1}{8} l$: $U = 1,28$, soit 1,30.

Enfin, V sera pris égal à 1,35 pour les poutres légères, et à 1,25 pour les poutres lourdement chargées.

Avec ces données, on forme les tableaux IXa et IXb, donnant les valeurs de $\frac{P}{(p+p')l^2}$, Ω non compris ; c'est-à-dire que le poids du mètre courant de poutre, pour des valeurs données de N et de q, s'obtiendra en multipliant le nombre correspondant du tableau, par la quantité $(p + p')l$, et ajoutant une certaine somme à valoir pour Ω, comme il sera indiqué ci-après.

Si la poutre était chargée à la partie supérieure, le poids serait légèrement diminué quand N est pair, et augmenté quand N est impair.

On voit qu'il y a avantage à prendre N petit, parce qu'alors les tables diminuent de poids en même temps que les barres qui se rapprochent de la direction à 45°.

92. — Dans les grands ponts, on peut généralement donner assez de développement aux lames verticales des tables pour éviter, ou réduire proportionnellement à peu de chose, l'addition de goussets spéciaux. Ainsi le terme additionnel Ω, occasionné par les accessoires, pour 1 mètre courant de poutre, croîtra moins rapidement que la portée, tandis que le poids du mètre courant de poutre croît comme la portée. De là résulte que le rapport de Ω au poids total diminue quand la portée augmente. Pour les poutres légères, il conviendra d'ajouter aux nombres du premier tableau une somme à valoir variant par ex. de 5 à 2 pour 100 suivant que la portée variera de 20 mètres à 80 mètres et pour les poutres lourdes du deuxième tableau, de 6 à 3 pour 100.

Dans le cas de portées de 20, 60 et 80 mètres on pourra admettre les charges suivantes pour des poutres portant soit un rail, soit deux rails :

	$l = 20^m$ POUTRES PORTANT		$l = 60^m$ POUTRES PORTANT		$l = 80^m$ POUTRES PORTANT	
	demi-voie.	voie entière.	demi-voie.	voie entière.	demi-voie.	voie entière.
p { Poids mort extérieur....	700k	1400	700	1400	700	1400
p { Poids propre de la poutre.	300	500	900	1400	1200	2100
Surcharge p'.............	2500	5000	2000	4000	2000	4000
Charge tot. par mèt., $p+p'$.	3500	6900	3600	6800	3900	7500

Supposons en outre N = 7 pour les ponts de 20 mètres, 8 pour ceux de 30 à 60 mètres, 9 pour 70 mètres, et 10 pour 80 mètres ; et ajoutons les sommes à valoir Ω indiquées ci-dessus. On aura les poids approximatifs ci-après :

Portées..............................	20m	30m	40m	50m	60m	70m	80m
Poids par mètre d'une poutre portant une 1/2 voie....... $\left(\frac{h}{l} = 0,11\right)$	265k	405k	545k	680k	820k	1000k	1220k
— — voie entière.. $\left(\frac{h}{l} = \frac{1}{8}\right)$	460	685	910	1140	1365	1690	2090

Ces poids offrent une économie des 0,20 aux 0,40 environ sur ceux de poutres pleines satisfaisant aux mêmes conditions (V. ci-après au chap. XI). Cette économie est due à ce que, en prenant des précautions pour assurer la raideur des contre-fiches, on peut atteindre de grandes hauteurs de poutres sans avoir une paroi verticale trop lourde.

93. — **Poutres ayant des barres verticales.** — Si l'on suppose $\beta = 90^\circ$ dans la poutre *fig.* 18, n° 58, avec charge à la partie inférieure, et que la portée soit exprimée par $N\delta$ (N étant pair), on aura une *poutre à tirants verticaux* qui pèsera par mètre courant :

$$\frac{P}{l} = \frac{(p+p')l}{24N}\left\{\frac{l^2}{N^2h}\left[4NU(N^2-1)+6N^2V+V(N^2-4)q\right]+(1+V)[6N^2+(N^2-4)q]h\right\}+\Omega.$$

Si au contraire c'est α qui est pris égal à 90°, on aura une *poutre à contre-fiches verticales* pesant :

$$\frac{P}{l} = \frac{(p+p')l}{24N}\left\{\frac{l^2}{N^2h}\left[4NU(N^2-1)+6N^2+(N^2-4)q\right]+(1+V)[6N^2+(N^2-4)q]h\right\}+\Omega.$$

D'un côté, ce dernier poids sera moindre que le précédent parce que le coefficient V y affecte moins de termes, mais d'un autre côté Ω y sera plus grand, car il devra comprendre des prolongements de la table inférieure qui, d'après la théorie, n'aurait qu'une longueur totale de $(N-2)\delta$, tandis qu'en exécution il faudra bien qu'elle atteigne les culées, quand même l'effort des tronçons extrêmes est nul.

Les autres cas analogues où N serait impair, ou bien ceux où la charge serait appliquée à la partie supérieure, se calculeront facilement à l'aide des formules données au chap. VI. Au reste, ces poutres ayant des barres verticales sont moins avantageuses que celles dont les barres sont d'égale inclinaison, et nous ne nous y arrêterons pas.

CHAPITRE IX

POUTRES A CROISILLONS.

94. — Les poutres à croisillons simples, avec ou sans montants verticaux, doivent être considérées comme des treillis doubles, et peuvent se calculer en imaginant qu'elles résultent de la juxtaposition de deux réseaux simples. Or dans tout système multiple où plusieurs pièces concourent simultanément à résister à une certaine déformation qui pourrait être prévenue par une pièce unique, il se fait un partage d'efforts qu'il n'est pas toujours facile de connaître exactement lorsque les conditions sont complexes, mais qui s'apprécie cependant avec une certaine certitude lorsqu'on a soin de rendre équivalentes ou comparables les conditions de travail. La règle générale c'est que les pièces concurrentes doivent subir des allongements proportionnels égaux, et que par conséquent elles se distribueront entre elles l'effort total proportionnellement à leurs sections ; le travail par unité de section sera égal sur les diverses barres, sauf les légères diffé-

rences qui peuvent provenir de tensions primitives inégales données dans la pose. Mais dans le cas où l'effort agit par compression, l'aire des sections n'influe pas seule sur la répartition, la rigidité intervient, et si les formes des sections diffèrent entre elles il est difficile de savoir dans quelle mesure telle barre flexible tendra à céder et telle autre, plus ferme, concentrera sur elle la charge. Le moyen d'éviter ces incertitudes, c'est de rendre identiques les pièces multiples qui remplacent une pièce unique. Toutefois, en ce qui concerne les poutres à treillis multiple, ce partage égal ne doit pas être considéré de barre à barre isolément, mais de système à système, parce que les pièces associées se trouvant plus ou moins éloignées les unes des autres, l'effort tranchant peut varier de l'une à l'autre. Si l'ensemble se compose de n réseaux simples, chacun d'eux sera calculé comme appartenant à une poutre supportant seulement le $\frac{1}{n}$ de la charge donnée.

95. — **Poutres à croisillons et à tiges verticales.** — Si d'abord on considère une *poutre à croisillons et à montants* (*fig.* 24) *pour une charge appliquée à la partie inférieure*, on voit qu'elle peut se dédoubler en deux poutres simples, l'une à tirants verticaux, l'autre à contre-fiches verticales, et dont les formules pour le cas de N pair, sont données au n° 93. Mais le poids sera inférieur à la moyenne arithmétique de ces formules, car les tiges verticales appartenant à la fois aux deux réseaux simples composants, sont comprimées d'un côté et tendues à l'autre ; et leur effort effectif maximum sera une tension constante $\frac{1}{2}(p+p')\delta$. Il n'y a d'exception que pour les deux montants extrêmes dont l'effort, qui est une compression, atteindra la valeur $\frac{1}{4}(N-1)\delta(p+p')$; de sorte que ces deux tiges font à elles seules le même poids théorique que toutes les autres, ou plutôt davantage, car, travaillant par compression, elles reçoivent le coefficient V. On a ainsi pour le poids total des N+1 montants la valeur $\frac{1}{2}(N-1)(1+V)(p+p')\delta th$, et le poids moyen du mètre courant de poutre sera :

$$\frac{P}{l}=\frac{(p+p')t}{24N}\left\{\frac{l^2}{N^2h}\left[4NU(N^2-1)+(1+V)\left(3N^2+\frac{N^2-4}{2}q\right)\right]\right.$$
$$\left.+(1+V)\left[3(N^2+4N-4)+\frac{N^2-4}{2}q\right]h\right\}+\Omega.$$

Si la charge est placée au-dessus de la poutre, les montants intermédiaires supporteront encore un effort maximum de $\frac{1}{2}(p+p')\delta$, mais ce sera une compression qui nécessitera l'application du coefficient de raideur; et quant aux deux montants extrêmes, ils seront aussi un peu renforcés, car il faudra qu'ils soutiennent directement le poids $\frac{1}{2}(p+p')\delta$ placé à l'aplomb même de la culée, poids dont on n'avait pas à se préoccuper quand la charge était au bas, car il reposait immédiatement sur la maçonnerie sans passer par le montant. On aura par suite, pour le *cas de charge supérieure* et de N pair :

$$\frac{P}{l}=\frac{(p+p')l}{24N}\left\{\frac{l^2}{N^2h}\left[4NU(N^2-1)+(1+V)\left(3N^2+\frac{N^2-4}{2}q\right)\right]\right.$$
$$\left.+(1+V)\left(3N^2+\frac{N^2-4}{2}q\right)h+24NVh\right\}+\Omega.$$

Lorsque N est impair, on a pour le cas de charge inférieure :

$$\frac{P}{l}=\frac{(N-1)(p+p')l}{24N}\left\{\frac{(N+1)l^2}{2N^2h}[8NU+(1+V)(6+q)]\right.$$
$$\left.+(1+V)h\left[12+\frac{N+1}{2}(6+q)\right]\right\}+\Omega;$$

et le relèvement de la charge, pour l'appliquer à la table supérieure, produirait une augmentation de dépense en ce que les tiges verticales intermédiaires devraient être raidies, et que les montants extrêmes auraient leurs efforts augmentés d'un poids partiel reposant sur la culée par leur intermédiaire.

Mais on va voir qu'il y a économie à supprimer les montants intermédiaires quand cela est possible; et si leur présence est nécessaire, ce sera pour servir à attacher des entre-toises, ou pour d'autres motifs étrangers à la résistance de la poutre, de sorte qu'il sera plus logique de les évaluer comme une addition accessoire, leur section étant supposée donnée d'après le but à remplir (V. le n° 100).

96. — Les *poutres en charpente du système de Howe* ont la forme de poutres à croisillons à tringles verticales ; mais une différence essentielle au point de vue du mode de résistance, c'est que les croisillons en bois, ne faisant que butter sur des coussinets, ne peuvent pas travailler par tension ; sous une charge donnée, il n'y a que l'une des barres de chaque croix qui travaille, tandis que les tiges verticales, composées chacune de plusieurs longs boulons en fer, attirent toujours sur elles les efforts de tension ; le système travaille comme treillis simple mobile, c'est-à-dire dont la figure change suivant que c'est l'une ou l'autre des pièces de chaque croix qui travaille.

97. — **Poutres à croisillons sans tiges verticales.** — Si l'on considère un *treillis à croisillons sans tringles verticales intermédiaires* (*fig.* 25), chargé à la partie supérieure, on voit qu'il peut se décomposer en deux systèmes simples donnés par les *fig.* 26 et 27.

Or le système de la *fig.* 26 correspond au cas $\alpha=\beta$ du n° 53 en y changeant δ en 2δ, m en $\frac{N}{4}$, et réduisant la charge à moitié. De plus, il faudra ajouter les deux montants extrêmes dont l'effort est à peu de chose près $\frac{N}{4}(p+p')\delta$; ils pèseront ensemble $\frac{1}{4}(1+V)(p+p')lht$, si l'on convient de leur appliquer, au lieu de V, le coefficient $\frac{1+V}{2}$, ce qui simplifiera un peu la formule générale et peut se légitimer par la raison que l'effort théorique étant assez considérable, il n'y a pas besoin d'un grand coefficient de raideur; d'ailleurs il sera déjà tenu compte en partie des montants extrêmes par le fait que le poids total de la poutre s'obtiendra en multipliant le poids du mètre courant par la longueur entière, et non par la portée seulement.

Quant au système de la *fig.* 27, il rentrerait dans le cas $\alpha = \beta$ du n° 50, mais sous la condition que le poids extrême fût rendu égal aux autres poids, au lieu d'en être les $\frac{3}{4}$ seulement. Dans cette hypothèse l'effort de la $n^{\text{ème}}$ contre-fiche ou du $n^{\text{ème}}$ tirant sera $\frac{\delta'}{\sin\alpha}\left[np + \frac{(m+n)^2}{4m}p'\right]$, valeur qui s'étend au tirant n° 0, comme à la $n^{\text{ème}}$ contre-fiche, et qui suppose que les poids appliqués aux divers sommets sont égaux à $p\delta'$ ou à $(p+p')\delta$ suivant les cas. Le poids total des barres obliques sera en conséquence $\frac{2m^2(p+p')\delta' h l}{\sin^2\alpha}\left[1 + \frac{2m^2+1}{12m^2}q\right]$, formule où δ' sera changé en 2δ, m en $\frac{N}{4}$, et où la charge sera divisée par 2. — Pour les plates-bandes de cette *fig.*, il faudra de même, dans les formules du n° 50, tenir compte de la modification de charge au sommet extrême.

En réunissant les poids des deux réseaux composants, et divisant par la portée, on obtiendra pour le poids du mètre courant de la poutre *fig.* 25 :

$$\frac{P}{l} = \frac{1}{24}(p+p')l\left\{\frac{l^2}{Nh}\left[4U.\frac{N^2-1}{N} + 3(1+V)\left(1+\frac{N^2-4}{6N^2}q\right)\right]\right.$$
$$\left. + 3h(N+2)(1+V)\left(1+\frac{N-2}{6N}q\right)\right\} + \Omega$$

Cette formule reste sensiblement la même quand la charge est en bas au lieu d'être à la partie supérieure. Elle suppose N pair, mais pourrait aussi s'appliquer approximativement pour N impair; cependant dans ce dernier cas il vaudra mieux employer la formule du n° 99.

98. — Le point de vue auquel on s'est placé dans le numéro qui précède présente l'inconvénient d'une certaine complication dans le calcul des efforts des diverses pièces, et comme un système multiple laisse arbitraire la répartition des charges, on en profite dans ce cas pour adopter un procédé plus commode. Tandis que dans la méthode précédente un tirant quelconque subissait le même effort que l'une des contre-fiches auxquelles il se relie par ses extrémités, nous allons supposer que ce sont les deux barres d'un même croisillon qui sont soumises toutes deux à un effort $\frac{F}{2\sin\alpha}$, F étant l'effort tranchant dans l'intervalle occupé par le croisillon. De là résulte que dans les deux plates-bandes, les tronçons situés à l'aplomb l'un de l'autre supporteront aussi un même effort (à cause de la condition d'équilibre relative aux projections horizontales des forces), ce qui n'avait pas lieu dans l'hypothèse précédente; cet effort se calcule par le moment de rupture relatif au centre du croisillon; toutefois, le

poids total des deux tables réunies demeure le même que précédemment. Quant au treillis, non compris les montants extrêmes, il est représenté par $\frac{(1+V)ht}{2\sin^2\alpha}\Sigma F$, expression dans laquelle ΣF désigne la somme des efforts tranchants maxima absolus dans les intervalles successifs, pour la portée entière, somme dont la valeur est donnée au n° 6, pour les deux cas de N pair ou impair. En ajoutant les montants extrêmes, dont l'effort est $\frac{1}{4}(N+1)(p+p')\delta$, y compris le poids qu'ils portent directement, et qui pèseront donc ensemble $\frac{N+1}{4N}(p+p')tlh$, on obtient pour poids total du treillis par mètre courant, dans le cas où N est pair, l'expression suivante :

$$\frac{1}{8}(1+V)(p+p')t\left\{\left(N+2+\frac{2}{N}+\frac{N^2-4}{6N}q\right)h+\left(1+\frac{N^2-4}{6N^2}q\right)\frac{l^2}{Nh}\right\},$$

laquelle ne diffère que par une légère augmentation des montants extrêmes, de la valeur qui entre dans la formule du numéro précédent. Cette différence vient de ce qu'au n° 97 on a attribué à ces montants un effort moyen entre les cas de charge supérieure et inférieure.

99. — Pour N impair, on obtient le poids suivant du mètre courant de poutre, celle-ci étant calculée comme il vient d'être dit en dernier lieu :

$$\frac{P}{l}=\frac{N^2-1}{24N}(p+p')t\left\{\frac{l^2}{N^2h}\left[4UN+(1+V)\left(3+\frac{1}{2}q\right)\right]+3h(1+V)\left(\frac{N+1}{N-1}+\frac{q}{6}\right)\right\}+\Omega,$$

Cette formule peut être admise aussi bien pour charge inférieure que pour charge supérieure, car la situation de la charge n'amène qu'une légère différence dans le poids des montants extrêmes.

En comparant les formules des treillis à croisillons avec celles des poutres à triangles simples à barres d'égale inclinaison, on reconnaît que la différence consiste essentiellement en ce que, dans les croisillons, le poids du treillis est modifié comme si l'on eût doublé la longueur des intervalles δ, et réduit par conséquent leur nombre de moitié. On devra, en général, adopter celui des deux systèmes qui a pour effet de rendre l'inclinaison le plus voisine de 45°.

100. — **Montants considérés comme terme supplémentaire.** — En comparant les poutres à croisillons dépourvues de tiges verticales intermédiaires à celles qui en possèdent, on trouve que ces dernières ont un excès de poids représenté par les tiges ajoutées, lesquelles forment ainsi, au point de vue de la résistance de la poutre, une addition superflue. Leur rôle se réduirait en effet à faire que la charge, au lieu de n'affecter directement que l'une des tables, se distribuât entre tous les sommets tant inférieurs que supérieurs, ce à quoi il n'y a pas d'avantage, parce qu'en définitive, l'espacement horizontal entre les points d'application des efforts reste le même.

Mais les montants sont utiles dans certaines circonstances, principalement dans des poutres en garde-corps pour étayer la paroi et en maintenir la verticalité. Il y a donc lieu d'envisager cette sorte de poutre; seulement, puisque c'est un motif étranger à la résistance théorique qui amène l'introduction des montants intermédiaires, nous les compterons comme une addition supplémentaire, représentée pour le mètre courant de poutre par le terme $\frac{r\text{N}h}{l}$, où r désigne le poids du mètre linéaire de montant. Ces montants qui, ordinairement, n'ont besoin d'être placés que sur un côté de l'âme, pourront avoir la forme d'un té simple formé par une lame saillante et deux cornières. Si, par exemple, pour des hauteurs de 2 à 5 mètres, ces sections sont composées de la manière suivante :

Hauteurs h de la poutre...............		2^{m}	3^{m}	4^{m}	5^{m}
Section moyenne d'un montant-gousset...	Lame saillante de	130/10 mm	200/10	260/10	260/10
	2 cornières de....	80/80/10	80/80/10	110/70/10	130/75/12

on en conclura que r peut se représenter par $8(2+h)$, et par suite le terme additionnel pour montants sera $\frac{8\text{N}h(2+h)}{l}$. Le reste de la poutre sera regardé comme exprimé par les formules des treillis à croisillons privés de montants intermédiaires.

101. — **Applications.** — *Premier exemple : Poutre à croisillons sans montants intermédiaires* (*fig.* XXVIII de la *pl.* 5).

Données : $l = 24^{m}$, $\delta = 3^{m}$, $\text{N} = 8$, $h = 2^{m},50$, $p = 1\,000^{k}$ (dont 300 pour le poids propre de la poutre), $p' = 2\,400^{k}$ (demi-voie), $p + p' = 3\,400$, $q = 0,706$.

En admettant la méthode de calcul exposée au n° 98, les efforts des tronçons successifs des tables seront, en partant du milieu, $94^{t},9$; $82^{t},6$; $58^{t},2$; $21^{t},4$; ceux de chacune des deux barres composant les croisillons successifs seront de $8^{t},2$; $14^{t},1$; $20^{t},6$; $27^{t},9$; et enfin celui des montants extrêmes, 23 tonnes.

Les tirants sont comme les contre-fiches exécutés en cornières doubles, afin que la raideur de la barre comprimée puisse être identifiée à celle d'une croix composée de quatre cornières par la réunion des sections du tirant et de la contre-fiche. Pour une barre du milieu, par exemple, l'épaisseur réduite d'une croix de quatre cornières de 70/70/8 millim. sera de $0^{m},08$; le rapport de la longueur libre à cette épaisseur est $\frac{2,80}{0,08}$ ou 35, ce qu exige un coefficient de raideur $= 1,56$. Avec la section adoptée, ce coefficient est 1,55, valeur d'autant plus suffisante que les rivures produisent un véritable encastrement de la barre à ses extrémités.

L'attache des barres extrêmes exige l'application de couvre-joints destinés à faire travailler les rivets à double section : on obtient ainsi 20 sections, ce qui suffit amplement.

Le métré direct donne pour la poutre entière :

Tables.	Cornières et lames verticales avec leurs couvre-joints...	2 750	5 600ᵏ	7 500ᵏ
	Tôles horizontales — —	2 850		
Barres.	Tirants et contre-fiches...	1 550	1 900	
	Couvre-joints et fourrures pour l'attache, plaques de croisement...	140		
	Deux montants extrêmes...	210		

soit 300 kil. par mètre courant de poutre.

Les tables pesant 224 kil. par mètre courant de poutre, tandis que la formule du n° 97 leur attribue 167 U, on a U = 1,34.

Les barres montent à 1 900 kil., dont 140 environ pour les pièces spéciales d'attache des barres extrêmes et les plaques de croisement; mais ces 140 kil. sont à peu près compensés par l'économie résultant de ce que les barres n'ont pas tout à fait les longueurs théoriques, de sorte qu'on peut supposer Ω nul, et prendre alors V = 1,30, ce qui résulte de la comparaison du poids $\frac{1\,900}{25} = 76$ kil., résultant du métré avec celui de 33(1 + V), fourni par la formule.

Si l'on admettait $1 + V = 1,95 + 0,15h$, la meilleure hauteur résulterait de l'équation $120 = (2,65 + 0,408h)h^2$, et serait d'environ 5 mètres, grande valeur qui tient à la grande légèreté du treillis; mais en r alité, on devra se garder de dépasser la hauteur de $4^m,50$ environ, vers laquelle on ne pourrait plus guère pratiquement réduire la section des semelles. Un abaissement plus grand de la hauteur se justifie encore par la faible variation du poids et par l'avantage de diminuer l'importance des pièces extérieures de l'entre-toisement. Cependant, si la hauteur disponible est illimitée, on fera bien de prendre une hauteur de 3 mètres, au lieu des $2^m,50$ de la poutre du projet.

Si la charge de la poutre était doublée et portée à 6 800 kil. par mètre courant, tout compris, il serait facile d'abaisser U à 1,25 et V à 1,15, même en portant la hauteur jusqu'à $3^m,50$.

102. — *Deuxième exemple. Poutre à croisillons et sans montants, pour pont tubulaire de 72 mètres de portée (fig. XXVII, pl. 5).*

Données : $l = 72^m$, $\delta = 8^m$, $N = 9$, $h = 9^m$, $p = 3\,000^k$, (dont 1 700 environ pour le poids propre de la poutre), $p' = 4\,000^k$, $p + p' = 7\,000^k$, $q = 0\,5714$.

Quand une seule voie est surchargée, p' ne s'élève qu'à 3 000 kil., ce qui permettra de réduire de $\frac{1}{7}$ le poids de la poutre si l'on consent à élever R à 7 kil. par millim. carré pour l'éventualité tout à fait exceptionnelle du croisement, sur le pont même, de deux trains lourdement chargés.

Les efforts des tronçons de barres sont, en allant du milieu aux extrémités : 498, 473, 398, 274 et 100 tonnes; les efforts de chacune des deux barres des croisillons = 24, 52, 82, 115 et 150 tonnes; enfin les montants extrêmes supportent 112 tonnes.

Dans l'élévation de cette poutre et de quelques autres, on a dû légèrement exagérer les épaisseurs des tôles horizontales de tables, afin d'en rendre la disposition visible.

Les contre-fiches ont une section à double té offrant un grand moment de résistance dans le sens normal à l'âme. Dans le plan de l'âme, la longueur libre n'étant que moitié, la raideur est suffisante avec les sections adoptées. Au besoin, on aurait pu prendre des sections en forme de caisson comme au pont de la figure XXVI, *pl. 4*.

Les tirants sont en deux flasques jumelles embrassant la contre-fiche, et s'attachant extérieurement aux lames verticales des tables; mais les deux barres du croisillon milieu sont identiques et à double té.

Pour l'attache des barres extrêmes, la double âme permet le placement de 80 rivets de $0^{m},025$, de sorte qu'il est inutile de doubler les sections de cisaillement. L'épaisseur de $0^{m},012$ donnée aux lames d'attache en rend le déchirement impossible.

Les goussets de croisement servent non-seulement comme organe de liaison entre la contre-fiche et le tirant, mais encore comme couvre-joint pour les lames de ces pièces. Mais pour quelques barres extrêmes composées de deux épaisseurs de tôle, ce gousset ne peut couvrir que le joint d'une feuille unique; le joint de la seconde feuille est alors rejeté en un autre point avec couvre-joints spéciaux. Quant aux cornières des barres elles peuvent être continues sur la longueur entière.

Voici le résultat du métré :

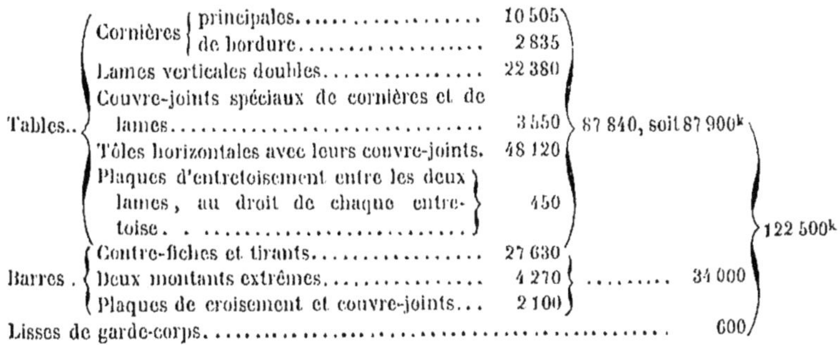

Tables..	Cornières	principales	10 505	87 840, soit 87 900^{k}	122 500^{k}
		de bordure	2 835		
	Lames verticales doubles		22 380		
	Couvre-joints spéciaux de cornières et de lames		3 550		
	Tôles horizontales avec leurs couvre-joints		48 120		
	Plaques d'entretoisement entre les deux lames, au droit de chaque entretoise		450		
Barres .	Contre-fiches et tirants		27 630	34 000	
	Deux montants extrêmes		4 270		
	Plaques de croisement et couvre-joints		2 100		
Lisses de garde-corps				600	

Il résulte de là que le poids moyen du mètre courant de poutre sera de 1 630 kil.

On pourrait composer un terme additionnel Ω en prenant dans les tables les cornières de bordure qui n'entrent pas dans la résistance théorique, ainsi que les plaques d'entretoisement ; puis dans les barres, les plaques de croisement et les couvre-joints ; enfin le garde-corps. Mais il y aurait lieu de déduire l'économie faite sur la longueur des barres, laquelle n'atteint pas la longueur théorique ; or cette économie compense et au delà le poids des lisses légères de garde-corps. Les plaques de croisement et couvre-joints de barres peuvent rentrer dans V, car ces pièces sont fonction de h en ce sens qu'une moindre hauteur permettrait de supprimer les couvre-joints et de réduire la dimension des plaques. Enfin, les accessoires des tables peuvent de leur côté être introduits dans le coefficient U.

A ce point de vue, on regardera Ω comme nul, on aura $U = 1,36$, et $V = 1,25$.

Si l'on admet que dans le voisinage de la hauteur la plus économique, $1 + V$, croisse suivant la loi $1 + V = 1,35 + 0,10h$, et que U ne soit compté que pour 1,06 d'après la règle indiquée au n° 64, la meilleure hauteur résultera de l'équation $0,807h^3 + 5,45h^2 = 2\,726$, et sera de 13 mètres. En effet, on aurait alors $V = 1,65$, $U = 1,50$, et le poids du mètre courant de poutre descendrait à 1 510 kil., au lieu que pour $h = 9$, $V = 1,25$ et $U = 1,36$, la formule donne 1 626 kil.

103. — *Troisième exemple. Poutre à croisillons et à montants, de 40 mètres de portée* (*fig.* XXIX, *pl.* 6). Données : $l = 40^m$, $\delta = 4^m$, $N = 10$, $h = 4^m,50$; $p = 2\,500^k$, $p' = 3\,200^k$ (cas d'une voie surchargée), $p + p' = 5\,700^k$, $q = 0,56$.

Dans le cas d'épreuve exceptionnelle où les deux voies seraient simultanément chargées à raison de 4 300 kil. par mètre chacune, le pont travaillera à environ $7^k,2$, ce qui peut être admis.

Efforts successifs des tronçons de tables = 248, 228, 188, 127 et 46 tonnes ;

Efforts successifs des barres, 16, 28, 41, 54 et 68 tonnes ;

Efforts des montants extrêmes = 51 tonnes.

Pour attacher convenablement les contre-fiches en double té, dont le sens de plus grande raideur est normal à l'âme, on a adopté comme dans l'exemple précédent des lames verticales doubles à chaque table. Les tirants sont en barres plates jumelles embrassant les contre-fiches, sauf dans les deux croisillons du milieu où les fers plats sont remplacés par deux cornières 110/70/11 millim., attendu que ces tirants, dans certaines positions de la charge, peuvent avoir à supporter de légères compressions.

L'attache des barres les plus fatiguées s'opère sans recourir au cisaillement par double section, car on peut placer 20 ou 24 rivets sur chacune des deux lames, ce qui suffit amplement.

Les montants-goussets intermédiaires servent à l'attache des entretoises. Ils sont appliqués après les lames intérieures des tables.

Voici le résultat du métré :

Deux tables....	Cornières et lames verticales avec leurs couvre-joints..............................	13 300	23 500	34 000^k
	Tôles horizontales et leurs couvre-joints.......	10 200		
Treillis........	Barres obliques (compris 100^k de plaques de croisement).............................	7 200	10 500	
	Deux montants extrêmes avec leurs goussets...	1 450		
	Neuf montants goussets intermédiaires........	1 850		

Ainsi la poutre pèse 815 kil. au mètre courant, sa longueur totale étant $41^m,80$.

Le terme Ω sera nul, car les goussets de croisement, ne faisant que 100 kil., n'arrivent pas même à compenser l'économie sur les longueurs de barres.

Les tables font d'après métré 563 kil. par mètre courant, et d'après la formule 435U ; d'où $U = 1{,}30$.

Les barres obliques $= 207$ d'après le métré, et $90(1 + V)$ d'après la formule. Donc $V = 1{,}30$.

En supposant $1 + V = 1{,}75 + \frac{1}{8}h$, et exprimant les montants par un terme additionnel $\frac{8Nh(2 + h)}{l}$ (n° 100), la hauteur la plus économique serait $5^{m},90$, ce qui permettrait de faire un pont tubulaire, et de supprimer les montants intermédiaires. Ainsi pour des ponts à deux poutres de plus de 40 mètres de portée, on pourra adopter le système tubulaire de préférence aux poutres en garde-corps, dans le but d'obtenir un meilleur maintien des poutres.

104. — Tableaux du poids des poutres. — La meilleure hauteur à adopter est fonction implicite de la charge en vertu du coefficient V, de sorte qu'il convient d'augmenter un peu la hauteur dans les poutres lourdes.

Si pour des poutres faiblement chargées on admet $h = 0{,}11\, l$, $U = 1{,}40$, $V = 1{,}35$, et pour les poutres à forte charge $h = \frac{1}{8}l$, $U = 1{,}35$ et $V = 1{,}30$, ces coefficients permettront de supposer Ω nul, et en appliquant les formules générales (nos 97 et 99), on formera les tableaux suivants donnant les valeurs de $\frac{P}{(p + p')l^2}$; c'est-à-dire que le poids du mètre courant de poutre s'obtiendra en multipliant les nombres du tableau par $(p + p')l$.

Tableau Xa. Valeur de $\frac{P}{(p + p')l^2}$ pour poutres faiblement chargées.

		N = 5	N = 6	N = 7	N = 8	N = 9	N = 10	N = 11	N = 12	N = 13	N = 14	N = 15
q =	0,40	0,003674	0,003645	0,003623	0,003617	0,003622	0,003630	0,003649	0,003667	0,003694	0,003718	0,003760
	0,50	0,003689	0,003657	0,003636	0,003629	0,003634	0,003643	0,003662	0,003680	0,003707	0,003732	0,003764
	0,60	0,003703	0,003669	0,003649	0,003641	0,003647	0,003655	0,003675	0,003693	0,003721	0,003745	0,003778
	0,70	0,003718	0,003682	0,003661	0,003653	0,003659	0,003667	0,003688	0,003706	0,003734	0,003759	0,003793
	0,80	0,003732	0,003694	0,003674	0,003665	0,003672	0,003679	0,003700	0,003719	0,003748	0,003773	0,003807

Tableau Xb. Valeur de $\frac{p}{(p + p')l^2}$ pour poutres lourdement chargées.

		N = 5	N = 6	N = 7	N = 8	N = 9	N = 10	N = 11	N = 12	N = 13	N = 14	N = 15
q =	0,40	0,003210	0,003193	0,003187	0,003191	0,003208	0,003225	0,003254	0,003279	0,003315	0,003346	0,003385
	0,50	0,003224	0,003205	0,003199	0,003203	0,003220	0,003238	0,003267	0,003293	0,003329	0,003360	0,003400
	0,60	0,003237	0,003216	0,003212	0,003214	0,003233	0,003250	0,003280	0,003306	0,003342	0,003374	0,003415
	0,70	0,003250	0,003228	0,003224	0,003226	0,003245	0,003262	0,003293	0,003319	0,003356	0,003388	0,003430
	0,80	0,003264	0,003239	0,003236	0,003238	0,003258	0,003274	0,003306	0,003332	0,003370	0,003402	0,003445

La moindre dépense correspond à $N = 8$ dans le 1er tableau, et à $N = 7$ dans le second. Ces valeurs donnent, eu égard aux hauteurs adoptées, des directions de barres un peu inférieures à 45° sur l'horizontale, vu que les tables diminuent avec N.

S'il y a des montants intermédiaires, il faudra les ajouter ainsi qu'il est dit au n° 100, ce qui revient à ajouter aux nombres des tableaux la quantité $\frac{8Nh(2+h)}{(p+p')l^2}$.

105. — En admettant des charges analogues à celles qui ont été prises pour les poutres à triangles (n° 92), les poids propres des poutres se trouvant seulement un peu réduits dans quelques cas, et en prenant également les mêmes valeurs de N, savoir 7 pour la portée de 20 mètres, 8 pour les portées de 30 à 60 mètres inclusivement, 9 pour 70 mètres, et 10 pour 80 mètres, on aura les poids approximatifs suivants, pour des poutres dépourvues de montants intermédiaires :

Portées	20m	30m	40m	50m	60m	70m	80m
Poids du mètre courant de poutre portant demi-voie ($h = 0,11\,l$)	260k	385k	520k	650k	780k	940k	1 140k
Poids du mètre courant de poutre portant voie entière $\left(h = \frac{1}{8}l\right)$	445	670	880	1 100	1 310	1 590	1 900

On voit que dans les grandes portées ces poutres à croisillons sans montants offriront quelque économie sur celles à triangles simples (n° 92), ce qui provient de ce que les valeurs supposées de N permettent de se rapprocher davantage de l'inclinaison de 45° pour les barres, et de ce que dans le treillis double les efforts des contre-fiches et tirants sont moindres, ce qui facilite les attaches sans addition de pièces supplémentaires.

106. — Pour des poutres à montants calculés comme il est dit au n° 100, le tableau deviendrait dans l'hypothèse des mêmes hauteurs, bien qu'il pût y avoir lieu de les réduire un peu dans ce cas :

Portées		20m	30m	40m	50m	60m	70m	80m
Poids du mèt. courant de poutre.	portant 1/2 voie...	285k	420k	565k	700k	840k	1 020k	1 235k
	— voie entière	475	720	940	1170	1 390	1 690	2 020

poids qui diffèrent assez peu de ceux des poutres à tringles simples (n° 92).

107. — **Croisillons doubles.** — Dans les cas de hauteur limitée ou bien dans de petites poutres, si l'on vient à avoir $h < \frac{\delta}{\sqrt{2}}$ on pourra intercaler deux croisillons dans un intervalle δ compris entre deux points d'application successifs de la charge. Dans ce cas, le poids des diagonales serait modifié en ce que $\sin^2 \alpha$ serait changé en $\frac{1}{2} \sin^2 \alpha'$, α' étant l'inclinaison plus grande obtenue par le doublement des croisillons ; ou autrement, on changerait dans le poids dont il s'agit $\frac{h^2+\delta^2}{}$ en $\frac{4h^2+\delta^2}{2h}$. Les tables ne dépendent toujours que de l'écartement des points chargés ; les montants, s'il y en a, ne seront placés qu'au droit des entretoises, de deux en deux croisillons (*fig.* 28).

En se bornant au cas où N est impair, le poids du mètre courant de poutre peut s'évaluer par la formule :

$$\frac{P}{l} = \frac{(N^2-1)(p+p')l}{48N}\left\{\frac{l^2}{N^2h}\left[8NU+3(1+V)\left(1+\frac{1}{6}q\right)\right]+12h(1+V)\left[\frac{N+3}{N+1}+\frac{1}{6}q\right]\right\}+\Omega$$

lorsque la charge est placée à la partie inférieure ;
et par

$$\frac{P}{l} = \frac{(N^2-1)(p+p')l}{48N}\left\{\frac{l^2}{N^2h}\left[8NU+3(1+V)\left(1+\frac{1}{6}q\right)\right]+12h\left[\frac{4NV}{N^2-1}+(1+V)\left(1+\frac{1}{6}q\right)\right]\right\}+\Omega$$

si la charge est supérieure. Le coefficient V est appliqué aux montants extrêmes comme aux autres barres comprimées.

CHAPITRE X

POUTRES A TREILLIS MULTIPLES.

108. — **Observations générales.** — Un treillis multiple peut ordinairement être considéré comme résultant de la superposition de plusieurs treillis simples, du moins en ne tenant pas compte des liaisons aux points de croisement. Les réseaux simples composants peuvent être de systèmes différents, ainsi que cela s'est présenté dans les poutres à croisillons ; quelquefois, en pareil cas, certaines barres participent simultanément à la composition de deux réseaux élémentaires; et si elles sont sollicitées d'un côté à compression, de l'autre à tension, leur effort résultant max. pourra être limité à une faible valeur, comme il est arrivé pour les montants envisagés au nº 95.

Nous allons maintenant considérer exclusivement un autre genre de treillis multiple, résultant de la réunion de plusieurs réseaux simples identiques quant à leur forme, mais en retard ou en avance l'un sur l'autre. Ainsi, dans la *fig.* 29, le système ABCD.... est un treillis simple, mais on formera un treillis double si l'on intercale le réseau parallèle A'B'C'...., et cette duplication permettra de répartir sur un nombre double de points la charge appliquée à la poutre, sans soumettre les tronçons de plates-bandes à des efforts de flexion. La charge peut être appliquée à tous les sommets, ou seulement à quelques-uns d'entre eux. Mais alors même que les sommets chargés appartiendraient exclusivement à l'un des réseaux élémentaires, toutes les barres n'en seront pas moins intéressées dans la résistance, car en vertu de la rigidité des portions de plates-bandes un parallélogramme tel que BCED ne peut pas se déformer par allongement ou raccourcissement des barres BC, DE, sans que la barre intermédiaire C'D' éprouve elle-même une altération. Aussi est-on dans l'usage de calculer d'abord les efforts comme pour un système simple ABCD...., puis de les diviser également entre les diverses barres associées. Quant aux tables, on les regarde comme chargées d'une manière continue.

Les liaisons aux points de croisement permettent à une même barre d'éprouver des efforts variables au même instant dans ses diverses subdivisions, et la paroi verticale possède un certain moment de résistance. Mais on ne tient pas compte de ces circonstances secondaires.

Ainsi le poids théorique d'un treillis multiple devra être sensiblement le même que celui d'un treillis simple dont les barres auraient la même inclinaison. Mais en exécution chaque système a des avantages ou des inconvénients qui lui sont propres, et peuvent modifier la dépense dans un sens ou dans l'autre. En multipliant les barres on est entraîné à des excès de section, parce que les efforts théoriques deviennent très-faibles et conduiraient à des dimensions inacceptables eu égard à l'importance de la poutre; les plaques de croisement augmentent également. En revanche, un treillis multiple peut toujours être tracé à peu près à 45°, quel que soit l'intervalle des entretoises, tandis qu'avec des barres simples on peut se trouver conduit à des inclinaisons moins avantageuses. Au point de vue de la rigidité, si la multiplicité des points de croisement offre l'avantage de subdiviser les barres en parties de faible longueur, d'autre part les sections diminuent, la paroi acquiert une tendance à se gauchir comme une tôle mince, et l'on est obligé de remédier à cet inconvénient par l'addition de montants de raideur. Aux abouts de la poutre, un certain nombre de réseaux élémentaires se terminent par des fragments de barres qui s'attachent en différents points de la hauteur du montant extrême. Ce dernier tendrait donc à se courber si l'on n'avait soin de le remplacer par un large panneau en tôle pleine raidie par des nervures saillantes.

En définitive, il paraît préférable de ne multiplier que peu les treillis, c'est-à-dire de les faire à mailles lâches, mais en revanche avec des fers possédant la plus grande raideur possible. Ce n'est que dans le cas où les attaches seraient trop difficiles que l'on adoptera des mailles plus serrées, car alors les barres, étant affaiblies, pourront être fixées par un très-petit nombre de rivets. C'est la principale considération qui doive influer sur le degré de multiplicité.

Quant à la sécurité comparative des treillis simples et des multiples, on peut la regarder comme égale des deux côtés, pourvu que les attaches soient également solides. Si les barres étaient en fonte ou en bois, on pourrait objecter qu'un défaut dans une seule pièce suffirait pour ruiner un système simple, tandis que dans un système multiple la résistance ne repose jamais en entier sur une pièce isolée. Mais dans les ponts en tôle, cette objection serait plus spécieuse que fondée, car une barre unique devra avoir une section telle qu'on la composera presque toujours de plusieurs fers rivés ensemble; par conséquent un vice de matière sur l'un des fers sera toujours protégé par d'autres parties saines, et même, grâce aux rivures, toutes les pièces élémentaires pourraient être défectueuses en certains points sans que l'ensemble se rompît, pourvu que les défauts fussent croisés ; il en résulterait seulement sur les parties saines, un travail plus élevé que celui que l'on aurait prévu. Dans les parties où les efforts sont faibles, un treillis multiple offrira en général un grand excès de résistance, mais ce sera au prix d'un excès de matière, et rien n'empêche de forcer de même les sections dans un système simple pour obtenir un égal surcroît de sécurité.

109. — Si l'inclinaison des barres reste constante quand la hauteur varie, le treillis aura théoriquement un poids à peu près constant ; pour que les tables se trouvent toujours soutenues à des intervalles aussi rapprochés, il faut alors que le degré de multiplicité du treillis s'élève avec la hauteur. En réalité, même lorsque la rigidité générale de la paroi réside principalement dans l'addition de nervures verticales saillantes, il n'en faut pas moins compter sur un surplus de dépense pour la raideur locale des divers tronçons de barres comprimées, et pour d'autres conditions à remplir, principalement de ne pas abaisser les sections au-dessous d'un certain minimum, de ne pas s'astreindre à une variation continue d'une barre à l'autre, mais seulement à une variation par groupes successifs, de tenir compte dans certains cas de l'affaiblissement dû aux trous de rivets, etc. On pourrait affecter l'ensemble du treillis d'un coefficient V, mais par analogie avec les notations employées, pour les poutres à triangles ou à croisillons, où V était spécialement appliqué aux contrefiches, nous désignerons le coefficient général par $\frac{1+V}{2}$ (n° 82).

110. — Les *montants de raideur* peuvent servir aussi à l'attache des entretoises et du contreventement vertical. Leur section croît avec la hauteur, mais peut être prise à peu près constante avec la charge dans les cas ordinaires des ponts de chemins de fer, car ils procureront ainsi, comme cela doit être, un renforcement relatif d'autant plus considérable que le treillis sera plus faible et plus déformable. Par la même raison ils peuvent aussi ne varier que faiblement dans les divers points de la longueur d'une poutre donnée.

Au lieu de ne placer qu'un montant au droit de chaque entretoise, il pourra être plus avantageux, si les écartements δ sont grands, de disposer deux demi-montants par intervalle, en les plaçant alternativement des deux côtés de l'âme si rien ne s'y oppose. Ou encore on pourra établir des montants ou demi-montants principaux au droit des entretoises, et d'autres montants plus faibles au milieu des intervalles.

Supposons qu'en moyenne, pour le cas d'un montant par intervalle δ, on adopte les sections données par la *fig.* 30.

Or les poids indiqués par cette figure peuvent se renfermer dans la formule $15h$, de manière que le poids des montants par mètre courant de poutre serait représenté par $\frac{15h^2}{\delta}$.

111. — **Formules de poids.** — Les tables feront un poids $\frac{(p+p')l^2tU}{6h}$ par mètre courant de poutre, en regardant la charge comme continue. Les

barres à 45° donnent sensiblement $\frac{1+V}{24}(p+p')(6+q)lt$. — Quant aux montants extrêmes, ils transmettent à la culée les efforts des barres qui s'attachent en divers points de leur longueur, leur section devrait théoriquement croître du sommet au pied, et comme leur compression moyenne est égale à la demi-réaction de la culée, c'est-à-dire à $\frac{1}{4}(p+p')l$, leur poids total serait $\frac{1}{2}(p+p')tlh$, soit $\frac{1}{2}(p+p')th$ par mètre courant de la portée. Mais cela ne suffit point pour l'exécution, et comme on le verra par les exemples ci-après, il convient d'ajouter à chaque panneau extrême deux montants de raideur pareils à ceux dont on a parlé au numéro précédent; on obtient ainsi à la fois la rigidité nécessaire, et un renforcement tel que la section sera partout supérieure à la valeur théorique, et sera dispensée de l'obligation de varier du pied au sommet.

Cette addition de quatre montants donnera, par mètre courant de poutre, un terme $\frac{60h^2}{l}$ en admettant les sections de la figure 30; et s'il existe déjà des montants intermédiaires au nombre de $\frac{l}{\delta}-1$, le terme tenant compte de toutes ces nervures sera $15h^2\frac{l+3\delta}{l\delta}$.

En résumé, on aura le poids du mètre courant de poutre en treillis multiple, à montants intermédiaires, par la formule

$$\frac{P}{l}=(p+p')\frac{l^2tU}{6h}+\frac{1+V}{24}(p+p')(6+q)lt+\frac{1}{2}(p+p')th+15h^2\frac{l+3\delta}{l\delta}+\Omega.$$

112. — En supposant $1+V=a+bh$, cette formule devient :

$$\frac{P}{l}=(p+p')\frac{l^2tU}{6h}+\frac{a}{24}(p+p')(6+q)lt+\frac{1}{2}(p+p')t\left[1+\frac{bl}{12}(6+q)\right]h+15h^2\frac{l+3\delta}{l\delta}+\Omega.$$

Si le rapport $\frac{h}{\delta}$ était regardé comme constant, et qu'on posât $\frac{h(l+3\delta)}{(p+p')l\delta t}=0$ la hauteur la plus avantageuse serait $h_1=l\sqrt{\frac{U}{3+\frac{1}{4}bl(6+q)+900}}$, et elle réduirait le poids du mètre courant de poutre à la valeur minimum

$$\frac{P_1}{l}=(p+p')lt\left\{\frac{1}{3}\sqrt{U[3+\frac{1}{4}bl(6+q)+900]}+\frac{a}{24}(6+q)\right\}+\Omega.$$

Si au lieu de h_1 on adoptait une hauteur différente $h=kh_1$, le terme du radical dans l'expression précédente serait multiplié par $\frac{k^2+1}{2k}$.

Mais ordinairement δ est une quantité fixe, non liée à h, et la hauteur la plus économique se détermine alors par une équation du troisième degré.

113. — Lorsque les barres du treillis ont des formes assez rigides pour permettre de supprimer les montants intermédiaires, le poids de la poutre s'obtiendra par la formule

$$\frac{P}{l}=\frac{1}{2}(p+p')t\left[\frac{Ul^2}{3h}+\frac{1}{12}(1+V)(6+q)l+h\right]+\frac{60h^2}{l}+\Omega.$$

114. — **Exemples.** — *Premier exemple. Poutre à treillis en fers plats, avec montants intermédiaires* (fig. XXX, pl. 6). Données : $l=27^m,50$, $\delta=h=3^m,00$, $p=1\,100^k$, $p'=2\,400^k$, $p+p'=3\,500^k$, $q=0,686$. La forme de barres en fers plats est la moins favorable à la raideur, mais elle permet de placer les montants en saillie sur les deux faces de la paroi, sans être obligé de pratiquer aucune entaille sur les barres. Le treillis est multiplié huit fois ; les fers qui le composent varient de 130/14 millim. à 60/12, pour la compression comme pour la traction, car ici, les barres étant faibles, il est bon de donner, même à celles qui sont tendues, un excès de section à cause de l'affaiblissement dû aux trous des rivets. — Au droit des entretoises, à des intervalles de $3^m,00$, le treillis est embrassé par des montants principaux formés de deux cornières de 80/125/10 millim., une sur chaque face ; et au milieu des intervalles on a placé des demi-montants formés d'une seule cornière. Tous ces montants font, non compris leurs fourrures, 42^k par m. courant de poutre ; ce résultat concorde avec la formule qui, pour $\delta=3$, donne $\frac{15h^2}{\delta}=45$. — La figure contient les épures de résistance des tables et du treillis : la 1re montre la disposition des tôles horizontales et de leurs couvre-joints. Dans l'épure du treillis, les ordonnées de la courbe représentent l'effort d'une barre à l'échelle de $2\frac{1}{2}$ millim. par tonne ou la section théorique nécessaire, abstraction faite de la raideur, à l'échelle de $1\frac{1}{2}$ millim. par centimètre carré ; la ligne en gradins est le lieu des sections réellement adoptées, ou des efforts dont les barres seraient susceptibles si elles pouvaient travailler à 6 kil. par millim. carré.

Le poids d'une poutre se compose des quantités suivantes :

Tables, couvre-joints compris		$7\,000^k$	12 970 soit $13\,000^k$, ou 455^k par mètre courant.
Barres à 45° (compris 270^k de plaques de croisement)		3 300	
Montants interméd. (compr. 70^k de fourrures	1 210	2 070	
Panneaux pleins extrêmes	860		

On mettra la formule du n° 111 d'accord avec ces résultats, en y supposant $U=1,39$, $V=2,16$, et $\Omega=12^k$ soit les 0,026 du poids total. Le terme Ω renferme les plaques de croisement et les fourrures de montants. La valeur de V est élevée, mais c'est qu'elle est grossie par le fait que les barres de tension ont été forcées comme celles de compression ; et de plus la variation discontinue de section par groupes de barres, est une autre source de perte. Néanmoins, malgré cette forte valeur de V, la raideur de la paroi nous paraît moins satisfaisante que dans les poutres des exemples suivants où les barres ont une forme meilleure. — Si la charge était double, V s'abaisserait aisément à 1,90. — Les montants intermédiaires sont d'accord avec les hypothèses de la formule en prenant $\delta = 3^{m}$, c'est-à-dire en regardant les demi-montants comme empruntés aux montants principaux, affaiblis d'autant.

Les panneaux pleins extrêmes sont aussi convenablement représentés par la formule, car le terme $\frac{1}{2}(p+p')lht$ donne 188^{k}, quatre montants de raideur donnent $60\,h^2$ ou 540, et les 860^{k} du métré se trouveront complétés par le fait que le poids total du treillis proprement dit sera calculé pour la longueur entière de la poutre, au lieu de l'être seulement pour la portée.

Si l'on suppose $V + 1 = 2,35 + 0,27\,h$, la hauteur la plus avantageuse se tirera de l'équation $608 = (11,69 + 13,27\,h)\,h^2$ d'où $h =$ environ $3^{m},30$. En comptant dans ce cas $U = 1,42$, le poids minimum sera de 452^{k}, y compris 12 kil. pour Ω. On voit que la réduction de la hauteur à $3^{m},00$ n'a pas augmenté le poids d'une manière sensible.

115. — *Deuxième exemple. Poutre à contre-fiches rigides et à montants* (fig. XXXI, pl. 6) : $l = 64^{m}$, $\delta = 4^{m},00$, $h = 8^{m},00$, $p = 3\,000^{k}$, $p' = 3\,000^{k}$ (pour le cas d'une seule voie surchargée à $4\,000^{k}$), $p + p' = 6\,000^{k}$, $q = 0,50$.

Ici nous adoptons un système mixte, meilleur que le précédent : les montants ne font saillie que sur l'une des faces de la paroi, ce qui permet de placer de l'autre côté des barres obliques à nervures saillantes, et disposées pour résister à la compression ; dans le milieu seulement quelques tirants sont aussi exécutés en cornières, parce qu'ils peuvent se trouver comprimés dans certains cas ; ces cornières sont alors entaillées au droit des montants, mais leur section résistante reste intacte dans les portions de leur longueur où elles doivent résister par elles-mêmes aux efforts de déviation.

Ce système est assez rigide par lui-même pour permettre l'adoption de mailles plus lâches que dans les réseaux à barres plates ; et en effet, malgré la hauteur considérable de la poutre, nous n'avons multiplié que 10 fois le treillis. Les montants de raideur ne pèsent que 145^{k} par mètre courant de poutre, au lieu des 240^{k} qu'accorderait la formule du n° 111 ; ce bénéfice est dû à la rigidité que possèdent déjà par elles-mêmes les barres contre-fiches.

Voici le résumé du métré direct :

Tables	Cornières et lames verticales avec leurs couvre-joints	$20\,000^{k}$	55 500	$96\,000^{k}$, soit $1\,435^{k}$ par mètre courant de poutre.
	Tôles horizontales Id.	35 500		
Barres à 45° (compris $1\,000^{k}$ de plaques et couvre-joints)		25 200	34 500	
Montants intermédiair. avec fourrures au droit des lames		9 300		
Panneaux pleins extrêmes			6 000	

Ces quantités correspondent à $U = 1,25$, $V = 1,80$, $\Omega = 15$ (pour plaques de croisement) ou 0,01 du poids total.

Pour les panneaux pleins extrêmes, le terme $\frac{1}{2}(p+p')lht$ donne $2\,000^{k}$, quatre montants de raideur d'après la formule feront 3 840 ; ces deux chiffres, joints au poids fourni par l'hypothèse que le treillis se prolonge sur les portées d'appui, donneront au delà des 6 000k obtenus par métré direct.

La hauteur augmentant, si l'on conserve le même degré de multiplicité et même espacement entre les montants convenablement renforcés, V variera assez lentement, grâce à la forme rigide des barres de compression. Admettons par exemple $1+V=2,40+0,05\,h$, $U=1,06+0,024\,h$, $\Omega=15$, et réduisons à $10h^2\frac{l+35}{l5}$ le terme des montants, le poids du mètre courant de poutre avec les données actuelles, mais pour une hauteur indéterminée, sera :

$$\frac{P}{l}=5\,645\,\frac{1}{h}+10,66h+2,97h^2+468.$$

Le minimum a lieu pour $h=$ environ 9m,30, et sa valeur est de 1 430k, tandis que pour la hauteur 8m la même formule donne 1 450k. On pourrait donc, sans grand désavantage, réduire encore un peu la hauteur : en la prenant de 7m par exemple, le poids n'excéderait pas 1 495k par mètre.

116. — *Troisième exemple : Poutre à treillis rigide, sans montants intermédiaires* (*fig.* XXXII, *pl.* 7) : $l=40^m$, $h=4^m,50$, $p=2\,200^k$ (dont 900 pour le poids propre de la poutre), $p'=3\,800^k$ (la voie contiguë étant seule chargée de 4 300k par mètre), $p+p'=6\,000$, $q=0,633$.

Le treillis n'est multiplié que 6 fois. Toutes les barres sont de forme rigide, à forte saillie, et les liaisons aux croisements utilisent la raideur des tirants en faveur des contre-fiches. Les barres d'un même côté de la paroi conservent la même direction tout le long de la poutre, de façon qu'aucune saillie n'est entaillée. Le métré donne :

Tables	Lames verticales et cornières avec leurs couvre-joints	7 500k	24 400	37 200k, soit 890 par mètre courant de poutre.
	Tôles horizontales Id.	16 900		
Barres du treillis (compris 300k de goussets de croisement)			10 300	
Panneaux pleins extrêmes			2 500	

Ces données conduisent à $U=1,26$, $V=1,90$ et $\Omega=7^k$, soit les 0,008 du poids total ; V pourrait être réduit, si, au lieu de n'avoir que quatre séries de sections pour les barres, on les faisait varier d'une manière continue.

Si, lorsque h varie, on suppose $U=1,06+0,046\,h$, et $1+V=1,55+0,30\,h$, la formule du n° 113 deviendra avec les autres données de l'exemple actuel :

$$\frac{P}{l}=\frac{2\,205}{h}+29,8\,.\,h+1,5\,h^2+236.$$

Le minimum, pour une hauteur de 6m,70, descendrait à 831k par mètre, au lieu des 890 de la poutre du projet.

117. — **Tableaux des poids.** — Admettons généralement les charges

suivantes, qui ne diffèrent de celles du n° 92 que par une légère augmentation du poids propre des poutres :

	Poutres portant demi-voie.			*Poutres portant voie entière.*		
$l=$	20m	60m	80m	20m	60m	80m
$p+p'=$	3 600k	3 600k	4 000k	7 000k	6 900k	7 600k
$q=$	0,695	0,556	0,500	0,714	0,580	0,526

Supposons de plus pour les poutres portant demi-voie $h=0,11\,l$, $U=1,40$, $V=2,20$, $\Omega=10$; — et pour les poutres chargées de deux rails $h=\frac{1}{8}\,l$, $U=1,30$, $V=1,90$ et $\Omega=15$. La formule du n° 113 conduira au tableau suivant :

Poids du mètre courant de poutres à treillis multiple rigide, sans montants.

Portées	20m	30	40	50	60	70	80
Poutres ne portant qu'un rail	315k	465	610	760	910	1 125	1335
Poutres portant voie entière	510	750	990	1 230	1 465	1 800	2135

Le plus souvent les poutres portant voie entière pourront être allégées, si l'on admet un travail supérieur à 6k par millim. carré pour le cas fortuit du croisement de deux trains d'épreuve.

Les poids de ce tableau dépassent ceux des poutres à croisillons simples (n° 105), mais restent sensiblement au-dessous de ceux des poutres à âme pleine (nos 129, 130, 133, ci-après).

118.— Pour les poutres à treillis en barres plates, avec montants de raideur, on n'aura guère de réduction sur V, et les poids croîtront par l'addition des montants. Ceux-ci forment un élément un peu arbitraire, mais dans les hypothèses faites au n° 110, et en faisant varier δ de 2 à 5m selon que la portée varie de 20 à 80m, on pourra admettre les chiffres ci-après, qui supposent l'adoption des mêmes hauteurs qu'au numéro précédent.

Poids du mètre courant de poutres à treillis plat raidi par des montants.

Portées	20m	30	40	50	60	70	80
Poutres ne portant qu'un rail	350k	530	710	890	1 075	1 320	1 570
Poutres portant voie entière	560	835	1 115	1 400	1 675	2 055	2 435

A la vérité, on pourrait, dans le cas de montants, adopter des hauteurs un peu plus faibles, mais les poids ne changeraient que peu.

Lorsque les montants ne sont utiles que sur une seule face de la paroi, comme dans la poutre du deuxième exemple (*fig.* XXXI, *pl.* 6), on peut rendre rigide une moitié des barres à 45° et réduire par suite le poids des montants. La poutre s'évaluera par un chiffre intermédiaire entre ceux que donnent les tableaux des nos 117 et 118.

CHAPITRE XI

POUTRES A AME PLEINE.

119. — **Ame.** — L'âme pleine est exclusivement employée pour toutes les poutres de faible dimension, telles que les entretoises, longerons, etc., et nous avons déjà donné aux chapitres II et III les règles applicables à ces sortes de pièces.

Nous nous proposons maintenant d'examiner les poutres d'une plus grande importance, dans lesquelles il y a un intérêt appréciable à soumettre la tôle de l'âme et les nervures qui la raidissent à une discussion plus complète.

La hauteur de la poutre étant désignée par h et l'épaisseur variable de l'âme par e, le volume théorique de l'âme sera exprimé par $h\int e dx$, ou par $\frac{1}{R_1}\int F dx$, d'après la valeur de e donnée au n° 1. En remplaçant l'aire $\int F dx$ du lieu des efforts tranchants par la valeur du n° 4, on aura donc pour la portée entière :

$$\text{Volume théorique de l'âme} = \frac{1}{4R_1}(p+p')\left(1+\frac{1}{6}q\right)l^2.$$

120. — En comparant cette expression au volume théorique d'un treillis multiple à 45° sans montants, savoir : $\frac{1}{4R}(p+p')\left(1+\frac{1}{6}q\right)(1+V)l^2$, on voit que si R_1 était égal à R, l'âme pleine n'aurait qu'un volume égal à celui des tirants du treillis multiple, ou égal au demi-volume de ce treillis en supposant V réduit à l'unité.

On peut se rendre compte de ce fait en imaginant que l'âme pleine soit fendue en un très-grand nombre de lamelles à 45° dirigées de manière à former les barres de tension d'un treillis multiple : ces barres en contact mutuel se presseront latéralement les unes les autres, et ces pressions rendront inutile l'addition de contre-fiches, car une tige tendue à raison de R^k par unité de section peut encore être comprimée au même coefficient normalement à sa longueur sans que la pression résultante surpasse R dans aucune direction.

Mais, d'abord, le coefficient R_1 de résistance au cisaillement est ordinairement pris égal à 4 000 000, tandis que R s'élève à 6 000 000. L'âme atteindra donc déjà les $\frac{3}{4}$ du volume théorique d'un treillis à 45°. De plus, les couvre-joints et les nervures de raideur, joints à la circonstance que l'âme même ne peut pas être strictement réduite partout aux épaisseurs théoriques, la rendent en réalité plus coûteuse que les treillis, au moins lorsque la poutre acquiert une certaine importance. Des nervures de raideur ou l'application d'un coefficient V suffisant, sont, il est vrai, nécessaires aussi pour un treillis multiple, mais si les mailles sont peu serrées et qu'on adopte des fers de forme convenable, une certaine fraction de la rigidité désirée sera déjà fournie par le volume théorique, ce qui réduira d'autant les additions complémentaires.

La continuité de l'âme fait qu'elle n'est pas astreinte à travailler identiquement comme un treillis; aussi les efforts varient-ils d'une manière continue d'un point à l'autre au lieu de rester constants sur toute la longueur des lamelles idéales dont on a parlé. Si la tôle se réduisait à une membrane très-mince, la compression produirait des ondulations en même temps que les tensions se concentreraient en certains points; la membrane se froncerait suivant des directions voisines de 45°, et les rides ainsi formées accuseraient le sens des plus grands efforts de tension, ou les directions des tirants du treillis le plus résistant que l'on puisse découper dans l'âme, eu égard au mode de charge.

La continuité de l'âme permet de la faire entrer dans le calcul du moment de résistance, mais elle ne l'élève généralement que d'une assez faible valeur, d'autant plus que l'épaisseur se trouve réduite au minimum précisément dans le milieu où le moment de résistance doit être grand. Il n'est donc pas nécessaire d'évaluer très-exactement la part de l'âme au moment de résistance, il est même bon de l'affaiblir légèrement à cause de l'influence des joints qui diminuent un peu de résistance.

121. — **Tables.** — Quant aux *tables*, leur section variable s est donnée par l'équation suivante qui exprime l'égalité du moment de rupture M au moment de résistance : $M = Rh\left(s + \frac{F}{6R_1}\right)$, (V. n° 14). Substituant pour M et F les valeurs données au n° 4, on tirera de là :

$$s = \frac{1}{2}(p+p')\left(\frac{x(l-x)}{Rh} - \frac{l-2x}{6R_1}\right) - \frac{p'x^2}{12R_1 l}.$$

Le maximum pour $x = \frac{l}{2}$, est :

$$s_1 = \frac{(p+p')l^2}{8Rh} - \frac{p'l}{48R_1}.$$

A partir de cette valeur maximum, la section théorique s diminue comme l'ordonnée d'une parabole à mesure qu'on s'avance vers les culées, elle s'anéantit au point où l'âme seule possède un moment de résistance suffisant pour faire équilibre au moment de rupture, et au delà elle devient même négative. Mais en réalité, il n'en saurait être ainsi : non-seulement s ne doit pas s'annuler, mais il ne doit pas même descendre au-dessous d'un certain minimum s_2 que l'on peut se donner dans chaque cas. Si x_2 est l'abscisse (comptée depuis la culée), qui donne à s cette valeur s_2, le volume total des tables sera :

$$2\left[ls_2 + \frac{2}{3}(s_1 - s_2)(l - 2x)\right].$$

122. — Mais cette formule serait peu commode, et il vaut mieux considérer simplement le volume des deux semelles comme égal à $\frac{4}{3}\,ls_1$, c'est-à-dire comme si la section variait paraboliquement depuis s_1 au milieu, jusqu'à 0 aux extrémités, et le coefficient U pourra servir à corriger à peu près la divergence entre la forme ainsi conçue et celle d'exécution. De plus, comme l'épaisseur minima de l'âme au milieu ne descend jamais au-dessous de 0^m,006, nous pouvons estimer son moment de résistance en admettant cette épaisseur, et négligeant le surplus si la tôle est plus forte; s_1 aura alors la valeur $\frac{(p+p')l^2}{8Rh} - 0{,}001h$, et par suite :

$$\text{Poids total des deux semelles} = \frac{tlU}{3}\left(\frac{(p+p')l^2}{2h} - 0{,}004\,Rh\right).$$

123. — **Accessoires.** — Pour compléter le poids de la poutre, il reste évaluer les accessoires de la paroi verticale, savoir : 1° les excédants de matière occasionnés par le fait que l'épaisseur varie par redans et non d'une manière continue et que de plus elle ne peut s'abaisser nulle part au-dessous d'un certain minimum, 0^m,006 par exemple ; 2° les couvre-joints de l'âme; et 3° les nervures destinées à raidir la paroi.

Dans les poutres lourdement chargées, on peut admettre que les *redans* et le *surplus d'épaisseur*, indispensable au milieu équivalent à une surépaisseur continue d'environ 0^m,0027 appliquée à l'âme entière.

124. — Quant aux *joints*, ils peuvent être très-espacés lorsque la hauteur de la poutre n'excède pas les largeurs que l'on peut donner aux feuilles de tôle, et c'est une des causes qui rendent l'âme pleine économique pour les petites poutres. Mais quand la hauteur s'élève, cas dont nous nous occupons actuellement, il ne faut guère compter sur des écartements supérieurs à 0^m,90 entre les joints successifs. Pour que les rivets travaillent à double section, dans le but de réduire la largeur des couvre-joints, ceux-ci sont composés de lames doubles appliquées sur les deux faces de la paroi ; ces lames seront presque toujours de 0^m,006, car on n'emploie guère d'épaisseurs moindres dans la construction des ponts, et d'un autre côté celle de 0^m,006 suffit encore lorsque l'âme est en forte tôle de 0^m,012. Quant à la largeur des couvre-joints, elle pourra, au moins sur une certaine partie de la poutre, être limitée à 0^m,160, en ne plaçant qu'une rangée de rivets sur chaque côté du joint. Mais si l'effort tranchant atteint une haute valeur dans la région voisine des appuis, il peut être nécessaire de placer une double rangée de rivets et de porter la largeur des couvre-joints à 0^m,300, de façon qu'on ait toujours de chaque côté du joint un nombre de rivets au moins égal à $\frac{F}{2R_1\sigma}$, F étant l'effort tranchant, R_1 la résistance au cisaillement et σ la section d'un rivet. Si en moyenne on compte 0^m,200 pour la largeur des couvre-joints, ils équivaudront à une surépaisseur continue de 0^m,0027, qui, jointe à celle du numéro précédent, donne 0^m,0054.

Ce chiffre peut être conservé pour les poutres faiblement chargées, car si d'une part la largeur de tous les couvre-joints est réduite à 0^m,160, ce qui ne produit qu'une surépaisseur de $0^m,0022$; d'autre part c'est dans les poutres faibles surtout que le calcul assignerait des épaisseurs trop inférieures aux limites admissibles.

125. — Les *nervures de raideur* sont ordinairement verticales et appliquées sur les couvre-joints ; elles forment ainsi des montants qui sont utilisés pour attacher des entretoises ou des consoles. Leur section n'est pas déterminée par des lois rigoureuses, il convient seulement que les saillies croissent avec la hauteur, afin que la rigidité soit toujours assurée. Souvent il est avantageux de renforcer les montants situés au droit des entretoises aux dépens des intermédiaires. Supposons par exemple que pour des hauteurs de 2 à 5 mètres on adopte les dispositions des croquis (*fig.* 31) qui donnent la section horizontale d'une certaine longueur de paroi verticale.

Avec ces figures, les cornières et lames transversales, couvre-joints non compris, pèseront $12h^k$ par mètre carré d'âme, ce qui équivaut à une surépaisseur réduite égale à $0,00154h$. Nous la porterons à $0,002h$, afin d'avoir la faculté d'augmenter encore la raideur de la paroi vers les abouts. Cette estimation est considérée comme applicable aussi bien aux poutres fortes qu'aux faibles ; elle constituera effectivement pour ces dernières un renforcement relatif plus considérable, ainsi que cela doit être, car ce sont les parois faibles qui sont le plus exposées au voilement. On pourra, entre certaines limites, modifier l'écartement des montants en modifiant leur section en sens inverse. Quelquefois aussi on fera bien d'attacher les lames transversales par le moyen d'une cornière simple et de river sur leur bord extérieur une seconde cornière : les demi-montants auront une forme en U au lieu d'une forme en T, et les cornières de bordure procureront une augmentation gratuite de raideur.

126. — **Formule et tableau du poids des poutres pleines.** — En additionnant le poids de l'âme théorique (nº 119), et celui des tables (nº 122), réduits au mètre courant de poutre, ainsi que les accessoires équivalents à des surépaisseurs de $0^m,0054$ (nº 124), et de $0,002h$ (nº 125), on obtient la formule suivante pour expression du poids de la poutre par mètre courant :

$$\frac{P}{l} = \frac{1}{6}(p + p')lt \left\{ \frac{Ul}{h} + \frac{3}{8}(6 + q) \right\} + h(42,12 - 8000tU + 15,6h),$$

Comme q influe peu, on peut le remplacer par la valeur 0,60 dont il ne différera généralement pas beaucoup, et l'on aura alors :

$$\frac{P}{l} = (p + p')l \left\{ 0,0002167\,U\frac{l}{h} + 0,0005363 \right\} + h(42,12 - 10,4\,U + 15,6h).$$

En remplaçant dans cette expression le coefficient U par la valeur qu'on lui a assignée au nº 64 et cherchant la condition du minimum de dépense, on trouve que la hauteur h_1 la plus avantageuse doit satisfaire à l'équation :

$$0,23(p + p')l^2 = (31\,510 + 31\,200h)h^2.$$

127 — Les charges $p+p'$ ne varient pas beaucoup avec la portée, parce que la surcharge p' diminue tandis que le poids propre de la poutre augmente. Pour des portées de 20 mètres et de 55 mètres, on peut adopter les charges suivantes, selon que la poutre doit porter un seul rail ou une voie entière :

		POUTRES PORTANT	
		demi-voie.	voie entière.
20m de portée.	Poids mort extérieur	700	1400
	Poids propre de la poutre	400	600
	Surcharge p'	2 500	5 000
	Charge totale $p+p'$	3 600	7 000
55m de portée.	Poids mort extérieur	700	1400
	Poids propre de la poutre	1 300	2 000
	Surcharge	2 000	4 000
	Charge totale	4 000	7 400

En substituant ces données dans l'équation du numéro précédent, on trouve que, pour 20 mètres de portée, la hauteur la plus économique sera $1^m,90$ si la poutre ne porte qu'un rail, et $2^m,45$ si elle porte voie entière. Pour 55 mètres de portée, on obtient respectivement $4^m,20$ et $5^m,20$.

Ainsi, pour les poutres les moins chargées, le rapport de la hauteur la plus avantageuse à la portée varierait de 0,095 dans les petites portées à 0,076 dans les grandes ; et pour les poutres lourdes de 0,12 à 0,095. Au reste il est permis d'altérer un peu ces hauteurs sans que le poids change sensiblement, et l'on trouvera souvent de l'avantage à les réduire, soit pour diminuer les contreventements verticaux et les entretoisements si le pont est chargé à la partie supérieure, soit pour augmenter la stabilité si les poutres sont en garde-corps, soit pour satisfaire à des conditions d'épaisseur disponible limitée. Dans les tableaux suivants, nous indiquons des hauteurs affaiblies d'environ $\frac{1}{10}$.

128. — Il reste à évaluer U qui, d'après le n° 66, peut s'exprimer par $1,06 + 4,80 \frac{R s_0 h}{(p+p')l^2}$, ou $1,06 + \frac{1,10\, R s_0}{h(31\,510 + 31\,200 h)}$ en remplaçant $\frac{h^2}{l^2}$ par la valeur tirée de l'équation qui termine le n° 126. D'après cela U peut-être regardé comme indépendant de la charge ; il diminue quand h augmente, mais seulement d'après le facteur entre parenthèses, car $\frac{s_0}{h}$ sera à peu près constant, attendu qu'il convient d'adopter une section minimum de semelle s_0 d'autant plus grande que la poutre appartient à un plus grand ouvrage.

Par exemple si la poutre a $1^m,80$ de hauteur (pont de 20 mètres), on pourrait composer s_o d'une feuille de 3/508 millim. et de deux cornières de 80/80/10 ; — pour une poutre de 4 mètres de hauteur ($l = 55$), on pourrait prendre une tôle de 550/8 avec quatre cornières de 100/100/12, dont deux après l'âme et deux en bordures. Dans les deux cas cela donnerait $\frac{1,10\,Rs_o}{h}$ = environ 22 000, et par suite $U = 1,31$ pour $h = 1,80$, et 1,20 pour $h = 4$. Nous ferons donc varier ce coefficient de 1,30 à 1,20, suivant que la portée varie de 20 à 55 mètres.

129. — Les diverses hypothèses faites dans les numéros précédents conduisent au tableau ci-après pour les poids du mètre courant de poutres pleines, les hauteurs adoptées étant un peu plus faibles que celles qui correspondraient rigoureusement au minimum de dépense.

Portées		20^m	25	30	35	40	45	50	55
Poutr. port. 1/2 voie ($p + p' = 3600$ à 4000^k suivant la portée).	Hauteur adoptée	1^m70	2,00	2,30	2,60	2,90	3,20	3,50	3,80
	Poids du m. cour.	370^k	485	610	735	870	1000	1140	1285
Poutres portant voie entière ($p + p' =$ 7 000 à 7 400).....	Hauteur adoptée	2^m25	2,60	2,95	3,30	3,65	4,00	4,35	4,70
	Poids du m. cour.	570^k	750	940	1125	1320	1525	1730	1940

On évaluera par interpolation le poids de poutres supportant des charges intermédiaires. Si par exemple pour un pont de 55 mètres de portée on avait $p + p' = 6\,400^k$, on trouverait qu'en adoptant une hauteur de $4^m,45$ le poids du mètre courant serait d'environ 1 750 kil. Ce poids remplacerait celui de $1\,940^k$ pour une poutre portant voie entière, si au lieu d'une surcharge de $4\,000^k$ qui suppose les deux voies chargées simultanément, on ne considérait qu'une surcharge d'environ $3\,000^k$ pour le cas ordinaire du passage d'un seul train ; le travail par millimètre carré dépasserait alors 6^k dans le cas exceptionnel du croisement de deux trains lourdement chargés.

130. — **Autres formules.** — Dans ce qui précède on a bien signalé que l'épaisseur de l'âme ne devrait pas descendre au-dessous d'un certain minimum qui peut être fixé à $0^m,006$, mais on n'a pas exprimé positivement cette condition dans la formule, on s'est contenté d'y pourvoir à l'aide d'une surépaisseur approximative. Cette condition est cependant facile à exprimer comme on va le voir, mais pour cela il faut distinguer deux cas, celui où cette épaisseur minimum de $0^m,006$ demeure suffisante sur la longueur entière de la poutre, et le cas contraire. L'âme étant calculée pour un travail de 4^k par millimètre carré, les deux cas dont il s'agit reviennent à ceux où la quantité $(p + p')l$ est inférieure ou supérieure à $48\,000\,h$.

Premier cas : $(p + p')l < 48\,000\,h$. — L'âme a une épaisseur constante de $0^m,006$, et elle n'exige que des couvre-joints à simple rangée de rivets de chaque côté du joint. On aura alors, en remarquant que ces couvre-joints équivalent à une surépaisseur de $0^m,0022$:

$$\frac{P}{l} = (p+p')\frac{l^2 l U}{6h} + h(64 + 15{,}6h - 8\,000\,lU).$$

Cette formule pourra s'appliquer à des poutres ne portant que demi-voie, pourvu que la hauteur ne soit pas trop faible. Au contraire, la formule du n° 126 supposait tacitement que la hauteur n'était pas très-grande, afin que l'âme ne devînt pas trop faible. — Avec la nouvelle expression de $\frac{P}{l}$ la hauteur la plus économique sera un peu plus faible que précédemment: ainsi pour le pont de 20 mètres chargé de 3 600^k par mètre, elle sera seulement de 1^m,75 au lieu de 1^m,90; et pour le pont de 55 mètres chargé de 4 000^k, elle serait de 3,95 au lieu de 4,20. Mais en conservant les mêmes hauteurs, charges et valeurs de U introduites dans le tableau du n° 129, la formule actuelle donne les poids ci-après, qui diffèrent à peine des précédents. Ce tableau est terminé à 35 mètres de portée, parce qu'au delà la condition du cas actuel ne serait plus remplie avec les hauteurs adoptées.

Portées	20^m	25	30	35
Poids par mètre de poutres ne portant qu'un seul rail ($p+p'=3\,600^k$ pour 20^m de portée à 3 770^k pour 35^m)	370^k	480	600	725

131. — *Deuxième cas :* $(p+p')l > 48\,000\,h$. — Ce sera toujours le cas de poutres portant une voie entière, ce sera même celui de poutres ne portant qu'un seul rail, si leur hauteur s'abaisse au-dessous d'une certaine valeur.

La figure 32 représente le plan de l'âme théorique, sur la moitié de la portée, les épaisseurs étant exagérées. Si la tôle n'avait partout que 0^m,006, son volume pour la portée entière serait $0{,}006\,lh$; mais il faut y ajouter les prismes triangulaires dont l'un est indiqué par la partie hachée de la figure. Ces prismes auraient rigoureusement une face curviligne, mais on peut négliger l'influence de q, car elle n'est sensible qu'au milieu, sur le lieu des efforts tranchants. L'effort tranchant maximum exige aux abouts une épaisseur $e_1 = \frac{(p+p')l}{2R_1 h}$ ou $\frac{(p+p')l}{8\,000\,000h}$ en supposant $R_1 = 4\,000\,000$. Par suite le volume des deux prismes additionnels sera $\frac{[(p+p')l - 48\,000h]^2}{16\,000\,000\,(p+p')}$. Mais comme l'épaisseur, au lieu de varier uniformément, décroît par redans de 0^m,002, il y a lieu, sur la partie où s'étendent les prismes, d'ajouter une surépaisseur moyenne de 0^m,001 ; on la portera même à 0^m,0012 pour tenir compte de diverses circonstances, notamment de ce qu'on a négligé q, et elle donnera un nouveau volume supplémentaire égal à $\frac{0{,}0012\,h}{p+p'}[(p+p')l - 48\,000h]$.

On aura en outre :

Couvre-joints et nervures de raideur dans la partie où l'âme n'a que 0^m,006 $= \frac{48\,000h^2}{p+p'}(\xi_1 + \xi'_1 h)$;

Couvre-joints et nervures de raideur dans la partie où l'âme est renforcée $= \frac{(p+p')l - 48\,000\,h}{p+p'}(\xi_2 + \xi'_2 h)h$.

132. — En réunissant les divers éléments de la paroi verticale, tels qu'ils viennent d'être évalués, en y ajoutant les tables d'après le n° 122, puis transformant les volumes en poids, et divisant par la portée, on aura :

$$\frac{P}{l} = \begin{cases} \frac{tU}{6h}\left[(p+p')l^2 - 0{,}008\,Rh^2\right] \text{ (tables).} \\ + 46{,}8\,h + \frac{0{,}0004875}{(p+p')l}\left[(p+p')l - 48\,000\,h\right]^2 \text{ (âme d'après la } fig.\ 32\text{).} \\ + \frac{9{,}36\,h}{(p+p')l}\left[(p+p')l - 48\,000\,h\right] \text{ (redans de l'âme dans les parties renforcées).} \\ + \frac{48\,000\,h^2}{(p+p')l}(\xi_1 + \xi'_1 h) + \frac{(p+p')l - 48\,000\,h}{(p+p')l}(\xi_2 + \xi'_2 h)h \text{ (couvre-joints de l'âme et montants.)} \end{cases}$$

Faisons :

$R = 6\,000\,000$; $t = 0{,}0013$;

Poids des couvre-joints par mètre carré d'âme dans les parties extrêmes renforcées........................ $\xi_2 = 0^m{,}0035 \times 7\,800^k = 27^k{,}3$;

Poids des montants par mètre carré d'âme, dans les parties extrêmes renforcées............................ $\xi'_2 h = 0^m{,}0024 \times 7\,800h = 18{,}72h$;

Poids des couvre-joints par mètre carré d'âme dans la partie intermédiaire.................................. $\xi_1 = 0^m{,}0022 \times 7\,800 = 17{,}16$;

Poids des montants par mètre carré d'âme dans la partie intermédiaire.................................. $\xi'_1 h = 0^m{,}0016 \times 7\,800h = 12{,}5h$.

La formule deviendra :

$$\frac{P}{l} = (p+p')l\left(\frac{13Ul}{60\,000\,h} + 0{,}0004875\right) + h(36{,}66 - 10{,}4U + 18{,}72h) - \frac{h^2}{(p+p')l}(298\,560\,h - 187\,200).$$

133. — La hauteur la plus économique sera ici donnée par l'équation du 4e degré suivante (U étant remplacé par l'expression du n° 64) :

$$0{,}0002297(p+p')^2l^3 = 25{,}64(p+p')lh^2 + 37{,}44[(p+p')l + 10\,000]h^3 - 895\,680\,h^4,$$

laquelle devra fournir des valeurs un peu plus grandes que précédemment, puisqu'on y a exprimé le fait qu'à mesure que la hauteur augmente on réduit la longueur des portions de paroi qui ont besoin d'être renforcées. Et en effet pour $l = 20^m$ et $p + p' = 7\,000^k$, on obtient $2^m{,}70$ au lieu des 2,45 trouvés par la première formule ; et pour $l = 55$ et $p + p' = 7\,400$ on trouve 5,45 au lieu de 5,20

En augmentant donc un peu les hauteurs, on formera au moyen de la dernière formule le tableau ci-après, où $p + p'$ varie toujours de 7 000 à 7 400 et U de 1,30 à 1,20 à mesure que la portée augmente de 20 à 55 mètres. Ces charges se rapportent à des poutres portant voie entière, épreuve qui ne se réalise en général d'une manière complète que lorsque les deux voies du pont sont simultanément surchargées.

Portée..............................	20^m	25	30	35	40	45	50	55
Hauteur adoptée........................	$2^m{,}50$	2,85	3,20	3,55	3,90	4,25	4,60	5,00
Poids du mètre courant de poutre.......	535^k	710	890	1070	1265	1460	1670	1870

Ces poids sont un peu inférieurs à ceux obtenus par la première méthode.

134. — *Exemple de poutre à âme pleine (fig. XXXIII, pl. 7)* : $l = 35^m$, $p + p' = 7\,000^k$. — D'après métré direct, cette poutre ne pèse que 1 030^k par mètre courant. La disposition indiquée par l'épure pour les couvre-joints de tables permet de réduire le coefficient U à la valeur 1,20.

135. — **Poutres à nervures inclinées.** — Lorsque des montants verticaux ne sont pas jugés nécessaires pour attacher des entretoises ou des consoles, on pourrait les remplacer par des nervures obliques croisant les couvre-joints plats qui resteraient verticaux et seraient interrompus au passage des nervures. Celles-ci seraient inclinées à 45°, à peu près normalement aux rides ou fronçures qui tendraient à se produire si la tôle n'était pas raidie. Cette disposition est séduisante; toutefois l'avantage économique en paraît douteux, car pour un même écartement normal entre les nervures consécutives, la diminution de leur nombre total sera compensée par l'augmentation de leur longueur. Ou plutôt l'écartement pourra être plus grand avec les nervures obliques, mais leur section devra également être augmentée, car les montants concentrant sur eux-mêmes par l'effet de leur raideur les efforts de compression, peuvent être considérés comme les contre-fiches d'un treillis qui serait complété par la tension de la tôle suivant l'une des diagonales de chaque panneau. Or pour une direction donnée de ces tensions diagonales de la tôle, on pourra remplacer deux montants verticaux AB, CD (*fig.* 33) par une seule nervure AD qui leur sera équivalente, car avec l'inclinaison de 45° par exemple, elle aura à la fois son effort et sa longueur multipliés par $\sqrt{2}$. Ainsi entre le treillis idéal ABCDEFG.... et le treillis ADEH...., il n'y aura de différence essentielle qu'en ce que, dans le second, la tôle sera soulagée des tensions diagonales BC, FG,.... à l'intérieur des panneaux rectangulaires occupés par les barres obliques. Mais il n'y a là que peu d'avantage, puisqu'il faut bien que cette tôle résiste à pareil effort dans d'autres panneaux, et qu'aussi ce n'est pas à réduire ces efforts de tension que les nervures de raideur sont destinées.

Au reste l'adoption de nervures obliques ne changerait nullement la forme des formules de poids données dans ce chapitre. Il suffirait d'y introduire d'autres valeurs pour le poids des nervures par mètre carré d'âme, si l'on croit pouvoir y apporter une réduction.

CHAPITRE XIII

FORMULES APPLICABLES AUX BOW-STRINGS.

136. — Les bow-strings sont des fermes métalliques composées de deux tables courbes fort éloignées l'une de l'autre dans le milieu, mais qui se

rapprochent graduellement et sont reliées entre elles par un fort assemblage aux extrémités de la portée. Si l'on considère une section verticale quelconque, l'effort des tables, ayant une direction inclinée, engendrera une composante verticale propre à résister, en partie du moins, à l'effort tranchant. Aussi le treillis reliant les tables l'une à l'autre à certains intervalles pourra-t-il être fort allégé.

Si le treillis forme un réseau simple, il faut nécessairement que les barres, ou au moins une partie d'entre elles, aient une rigidité suffisante pour résister à la compression. C'est là sans doute un grand inconvénient, car les efforts théoriques étant faibles on n'obtiendra la raideur qu'au prix d'un fort accroissement de section. Toutefois cette augmentation de dépense reste enfermée dans des limites assez restreintes, même sans faire intervenir la rigidité propre de l'arc ; attendu que le coefficient de raideur, s'il a une valeur élevée, ne s'applique qu'à une faible fraction du poids total. On ne devra donc pas craindre d'adopter pour ce coefficient une valeur telle que 2,50 par exemple, laquelle permet de porter jusqu'à 60 le rapport de la longueur à l'épaisseur réduite (n° 68).

Mais, en doublant les diagonales du treillis, on peut arriver dans certains cas à supprimer entièrement les compressions dans la paroi verticale, ou du moins à les rendre négligeables, ainsi qu'on le verra aux n°s 144 et 157. Comme dépense de matière, cela reviendra à doubler à peu près le poids théorique de diagonales simples sans raideur, car on n'arrive à cette élimination des compressions qu'en supposant, dans un croisillon quelconque, que l'une ou l'autre des diagonales qui le composent reste inactive à un moment donné. La compression est toujours rejetée sur les montants, où elle se trouve détruite ou très-réduite par une tension permanente due au poids mort du tablier.

Ces considérations nous permettent d'étudier les bow-strings comme de simples systèmes articulés, ce qui fournira pour l'évaluation de leur poids des formules plus précises et plus simples qu'on ne pourrait le faire en faisant intervenir la rigidité propre des arcs et par suite la forme de leur section. Lorsqu'on voudra faire un projet où cette rigidité joue un rôle important, c'est qu'on pensera y trouver un bénéfice, et alors nos évaluations resteront utiles en les considérant comme un peu forcées.

Il est généralement plus commode de ne faire courbe que la plate-bande supérieure, celle du bas, ou tirant, étant droite et fournissant des points d'attache aux entretoises porteuses. Nous désignerons plus spécialement cette forme particulière sous le nom de *poutre cintrée*.

137. — **Poutre cintrée parabolique divisée en un nombre impair d'intervalles.** — Soient (*fig.* 34) $l = (2m+1)\delta$ la portée, et h la hauteur au milieu. Les barres soit verticales, soit obliques, sont numérotées en partant du milieu. L'arc est un polygone ayant ses sommets sur une parabole à axe vertical, et dont les côtés ont une projection horizontale constante égale à δ.

Le $n^{\text{ème}}$ montant vertical a une longueur exprimée par $h\left[1 - \frac{n(n-1)}{m(m+1)}\right]$, et la somme des longueurs des $2m$ montants a pour valeur $\frac{2h}{3}(2m+1)$ ou $\frac{2}{3}\frac{lh}{\delta}$. Le $n^{\text{ème}}$ tronçon EF de la table courbe a pour longueur $\frac{1}{m(m+1)}\sqrt{m^2(m+1)^2\delta^2+4(n-1)^2h^2}$, et fait avec la verticale un angle γ donné par $\cot\gamma = \frac{2h(n-1)}{m(m+1)\delta}$. La $n^{\text{ème}}$ diagonale en ligne pleine a pour longueur :

$$\frac{1}{m(m+1)}\sqrt{m^2(m+1)^2\delta^2+[m(m+1)-n(n-1)]^2h^2},$$

et fait sur l'horizon un angle α ayant pour sinus :

$$\text{Sin}\,\alpha = \frac{m(m+1)-n(n-1)}{\sqrt{m^2(m+1)^2\delta^2+[m(m+1)-n(n-1)]^2h^2}}\,h.$$

Enfin, pour la $n^{\text{ème}}$ diagonale ponctuée la longueur est :

$$\frac{1}{m(m+1)}\sqrt{m^2(m+1)^2\delta^2+[m(m+1)-(n-1)(n-2)]^2h^2},$$

et le sinus de l'angle d'inclinaison

$$\text{Sin}\,\alpha' = \frac{m(m+1)-(n-1)(n-2)}{\sqrt{m^2(m+1)^2\delta^2+[m(m+1)-(n-1)(n-2)]^2h^2}}\,h.$$

138. — 1° Supposons d'abord un *réseau simple formé par les montants verticaux et les diagonales figurées en lignes pleines.*

Si la ferme n'est soumise qu'à une charge permanente uniformément distribuée suivant l'horizontale, de telle manière qu'au pied de chaque montant soit appliqué un poids égal à $p\delta$, ce poids exprimera la tension constante de tous les montants, lesquels fonctionneront comme de simples tiges de suspension pour transmettre la charge aux divers sommets de l'arc polygonal. Leur poids total théorique sera $=\frac{2}{3}(2m+1)\,p\delta ht$, t désignant comme précédemment le rapport du poids du mètre cube de fer à la résistance R admise.

Le $n^{\text{ème}}$ tronçon de l'arc subit l'effort de compression suivant :

$$\frac{p\delta}{2h}\sqrt{m^2(m+1)^2\delta^2+4(n-1)^2h^2}.$$

d'où l'on déduit pour le poids total de l'arc la valeur

$$\text{U}(2m+1)p\delta t\left[\frac{m(m+1)\delta^2}{2h}+\frac{2h}{3}\right].$$

Enfin la table inférieure, ou tirant, éprouve une tension constante égale à

$$\frac{m(m+1)p\delta^2}{2h},$$

ce qui lui assigne un poids total $=\frac{\text{U}m(m+1)(2m+1)p\delta^3 t}{2h}$. La lettre U désigne toujours le coefficient pour couvre-joints et autres accessoires.

Il est inutile de s'arrêter sur ces formules, bien connues dans la théorie des ponts suspendus. Avec le mode de charge actuel, la forme parabolique donnée à l'arc l'assimile à un polygone funiculaire, c'est-à-dire que ses divers éléments ont précisément les directions qu'ils affecteraient d'eux-mêmes s'ils étaient entièrement libres de se mouvoir autour de leurs sommets. Il est en effet facile de vérifier que l'effort d'un tronçon quelconque a une projection verticale égale à l'effort tranchant, de sorte que la diagonale est actuellement inactive.

139. — Il n'en sera plus de même dans le cas d'une *charge mobile*, qui, bien qu'encore distribuée uniformément à raison de $p'\delta$ par montant, pourra n'exister que sur une portion quelconque de la longueur.

Pour avoir l'effort maximum des divers tronçons des tables, il faudra étendre la surcharge sur le pont entier, car ces efforts ne dépendent que des moments de rupture autour de certains sommets, et ces moments croissent toujours à mesure qu'on ajoute de nouvelles charges sur un point quelconque de la portée. Les efforts et poids des tables s'obtiendront donc par les formules du numéro précédent en remplaçant p par $p+p'$.

Mais les efforts des barres sont fonctions à la fois du moment de rupture et de l'effort tranchant.

Soient T l'effort de la diagonale ED (*fig.* 34), M le moment de rupture autour du point D, dont l'abscisse est $(m-n+2)\delta$, et F l'effort tranchant entre C et D. L'effort du tronçon EI de l'arc sera égal à $\frac{M}{DI.\sin\gamma}$, et par suite en considérant la portion de poutre située à gauche de la section GH, la condition d'équilibre relative aux forces verticales donnera, en supposant que T est une tension :

$$T=\frac{F}{\sin\alpha}-\frac{M\cot\gamma}{DI.\sin\alpha}.$$

Cette expression est de la forme BF — AM, A et B étant des quantités données. Donc, d'après le n° 7, elle deviendra maximum lorsque la charge sera appliquée au point D et à tous ceux de droite. Prenant cette valeur maximum et y substituant les valeurs de cot γ, sin α et DI (longueur du $(n-1)^{\text{ème}}$ montant), on trouve que la diagonale devra pouvoir résister à un effort de tension

$$T=\frac{p'\delta}{2(2m+1)h}\sqrt{m^2(m+1)^2\delta^2+[m(m+1)-n(n-1)]^2h^2}.$$

On sait que si l'on complète la surcharge en ajoutant des poids $p'\delta$ au pied des montants situés à gauche de GH, la diagonale ne travaillera plus. Donc cette charge complémentaire placée seule à son tour doit produire une compression égale à la tension précédente. Ainsi, en appliquant un coefficient V de raideur, le poids de la diagonale considérée sera

$$\frac{p'\delta t\,V}{2m(m+1)(2m+1)}\left\{m^2(m+1)^2\frac{\delta^2}{h}+[m(m+1)-n(n-1)]^2h\right\}$$

Pour avoir le poids total des $2m-1$ barres diagonales, il faut sommer l'expression précédente où n prend les valeurs successives 1, 2,..... m, doubler le résultat, puis en retrancher ce que devient l'expression ci-dessus pour $n = 1$, afin de ne pas compter deux fois la diagonale du milieu. A la vérité, pour la symétrie, on sera conduit à dédoubler cette diagonale pour former un croisillon central, mais l'effort sera partagé entre les deux barres de ce croisillon et il n'y aura pas d'augmentation de poids. On obtient :

Poids total des $(2m - 1)$ diagonales pleines :

$$\frac{p'\delta t V}{2(2m+1)}\left[m(m+1)(2m-1)\frac{\delta^2}{h}+\frac{h}{15}(16m^3+9m^2+m+4)\right]$$

140. — Des calculs analogues peuvent être appliqués au $n^{\text{ème}}$ montant CE. En le coupant par une section GH', supposant qu'il est soumis à une compression T', et appelant M' le moment de rupture autour du point C dont l'abscisse est $(m - n + 1)\delta$, on aura par l'équation d'équilibre relative aux projections des forces verticales :

$$T' = F - \frac{M' \cot \gamma'}{EC};$$

γ' est l'angle du $(n+1)^{\text{ème}}$ tronçon d'arc avec la verticale, et EC la longueur du $n^{\text{ème}}$ montant.

Cette expression est encore de la forme BF — AM'. En la traitant par la règle du n° 7, on obtient pour la compression maxima du montant

$$T' = \frac{(m-n)(m+n-1)}{2(2m+1)}p'\delta.$$

Ici F était l'effort tranchant pris après le point auquel est rapporté le moment M'. Il en résulte que cet effort maximum T' se produit lorsque la charge est appliquée au point D et à ceux qui le suivent jusqu'en B. Cette compression sera neutralisée totalement ou en partie par la tension permanente due au poids mort.

Lorsqu'on complète la surcharge, il arrive que le montant, au lieu d'être comprimé par un effort T' est au contraire tendu par une force $p'\delta$. Donc la charge complémentaire placée seule à son tour doit soumettre le montant à une tension :

$$T'' = p'\delta + T' = \frac{(m+n+1)(m-n+2)}{2(2m+1)}p'\delta,$$

laquelle excède toujours beaucoup la compression maxima, surtout quand on ajoutera la tension permanente $p\delta$, due au poids mort. Il pourra même se faire que cette dernière tension soit suffisante pour détruire toujours les compressions que pourrait produire la surcharge. On peut donc se dispenser à ce point de vue d'appliquer un coefficient de raideur et calculer les montants par la tension seule. En ajoutant la charge morte à la charge vive, et appelant q le rapport $\frac{p'}{p+p'}$, le poids du $n^{\text{ème}}$ montant sera :

$$(p+p')\delta th\left[1-\frac{n(n-1)}{m(m+1)}\right]\left[1+q\frac{(m+n-1)(m-n)}{2(2m+1)}\right],$$

expression qui, doublée, puis sommée de $n=1$ à $n=m$ inclusivement, conduit à

$$\text{Poids total des } 2m \text{ montants} = \frac{2(p+p')\delta th}{3}\left[2m+1+q.\frac{(m-1)(2m-1)}{5}\right].$$

141. — En additionnant les poids des tables, des diagonales et des montants, remplaçant δ par sa valeur en l, et divisant par l, on obtient pour le poids moyen du mètre courant de poutre :

$$\frac{P}{l}=(p+p')tl^2\frac{m(m+1)}{(2m+1)^2}\left[U+qV\frac{2m-1}{2(2m+1)^2}\right]\frac{1}{h}+\frac{(p+p')th}{3}\left\{2(U+1)\right.$$
$$\left.+\frac{q}{10(2m+1)^2}\left[16m^3(1+V)-m^2(16-9V)-m(4-V)+4(1+V)\right]\right\}+\Omega.$$

Le terme Ω tient compte des accessoires indépendants de h.

En remplaçant $2m+1$ par N, on peut aussi écrire :

$$\frac{P}{l}=(p+p')tl^2.\frac{N^2-1}{4N^2}\left(U+qV.\frac{N-2}{2N^2}\right)\frac{1}{h}+\frac{(p+p')th}{3}\left\{2(U+1)\right.$$
$$\left.+\frac{q}{40N^2}\left[8N^3(1+V)-5N^2(8+3V)+8N(6+V)+15V\right]\right\}+\Omega.$$

Telle est la formule applicable, N étant impair, à un bow-string à diagonales simples rigides. Si la hauteur est grande, il est utile que les montants offrent de la rigidité, parce qu'ils peuvent fournir des points d'appui pour l'attache de contreventements verticaux destinés à assurer le maintien de la verticalité de la poutre. On peut alors ou bien les soumettre au coefficient V, ou bien conserver la formule qui précède, en lui ajoutant un terme $\frac{2}{3}\frac{N\theta h^2}{l}$ pour l'addition, à chaque montant, en sus de la section théorique, d'une lame saillante pesant θh au mètre courant. Le premier procédé aurait l'avantage de simplifier la formule en la réduisant à

$$\frac{P}{l}=(p+p')t\left\{\frac{N^2-1}{4N^2}.\frac{l^2}{h}\left(U+qV\frac{N-2}{2N^2}\right)+\frac{h}{3}\left[2(U+1)+\frac{qV}{40N^2}(16N^3-55N^2\right.\right.$$
$$\left.\left.+56N+15)\right]\right\}+\Omega.$$

142. — 2° Si les diagonales en lignes pleines de la figure 34 sont maintenant supprimées, et *remplacées par les diagonales ponctuées*, on aura un autre système de réseau simple qui donnera lieu à des calculs analogues. L'effort de la $n^{\text{ème}}$ diagonale, soit par traction, soit par compression, a pour valeur

$$\frac{p'\delta}{2(2m+1)h}\sqrt{m^2(m+1)^2\delta^2+[m(m+1)-(n-1)(n-2)]^2h^2},$$

et par suite on a :

Poids total des $2m-1$ diagonales ponctuées :

$$\frac{p'\delta tV}{2(2m+1)}\left\{\frac{m(m+1)(2m-1)\delta^2}{h}+\frac{h}{15(m+1)}(16m^4+55m^3+70m^2-85m+4)\right\}$$

Les montants subissent les mêmes efforts et font le même poids total qu'avec le premier système de diagonales.

143. — 3° Le plus souvent on ne se contentera pas d'un seul système de diagonales, mais on adoptera une *poutre à croisillons complets*. Les efforts sont alors indéterminés, et l'on demeure libre de calculer les pièces en se plaçant à l'un ou à l'autre des deux points de vue exposés ci-après.

On peut d'abord considérer le système complexe comme résultant de la superposition de deux réseaux simples comprenant chacun une certaine partie de la section des plates-bandes et montants, plus l'un des systèmes entier de diagonales, à l'exclusion de l'autre. Il est naturel d'attribuer une moitié de la charge à chacune de ces deux parties constituantes; et par suite les diagonales auront leurs efforts et leurs poids donnés par les mêmes formules que si elles étaient simples, moyennant le changement de p' en $\frac{1}{2}p'$. Les tables conservent toujours le même poids; quant aux montants, l'hypothèse actuelle les dédouble en deux parties dont l'une est tendue et l'autre comprimée, sous l'action d'une charge déterminée ne régnant que sur une partie du tablier. Par exemple, si la surcharge n'est appliquée qu'à la tige considérée et à toutes celles de droite, elle produira sur cette tige d'un côté une tension $\frac{p'\delta}{4(2m+1)}(m^2+3m-n^2+n+2)$, et d'autre part une compression $\frac{p'\delta}{4(2m+1)}(m^2-n^2-3m-n-2)$. La résultante est une tension $\frac{3m+n+2}{2(2m+1)}p'\delta$, dont le maximum est $p'\delta$ pour $n=m$. Or ce maximum est exigible de toutes les tiges verticales lorsque le pont est complétement chargé. Il faudra donc les calculer toutes pour une tension égale à $(p+p')\delta$, sans s'occuper de leur mode de participation à la résistance des deux treillis simples composants. Nous posons donc :

$$\text{Poids total des } 2m \text{ montants} = \frac{2}{3}(2m+1)(p+p')\delta th.$$

Le poids total du mètre courant de poutre est alors :

$$\frac{P}{l} = \frac{(p+p')t}{(2m+1)^2}\left\{m(m+1)l^2\left(U+\frac{qV}{2(2m+1)}\right)\frac{1}{h}+\frac{2}{3}\left[(U+1)(2m+1)^2 + qV.\frac{4m^4+10m^3+10m^2-10m+1}{5(m+1)}\right]h\right\}+\Omega,$$

ou bien si l est exprimé par $N\delta$, N étant impair :

$$\frac{P}{l}=(p+p')t\left\{\frac{N^2-1}{4N^2}l^2\left(U+\frac{qV}{2N}\right)\frac{1}{h}+\frac{2h}{3}\left[U+1+\frac{qV}{10}\left(N+\frac{1}{N}-\frac{30(N-1)}{N^2(N+1)}\right)\right]\right\}+\Omega;$$

formule à laquelle il y aura généralement lieu d'ajouter (n° 141) un terme $\frac{2}{3}N\delta h^2$, permettant d'élargir les montants au moyen de lames saillantes ou de goussets, utiles pour maintenir la verticalité de la paroi.

144. — Mais les diagonales étant fort longues et soumises à de faibles efforts, on ne peut les raidir qu'à l'aide d'une forte valeur de V. Or, en les considérant comme des tiges très-flexibles, dépourvues de toute résis-

tance à la compression, elles se soustrairont d'elles-mêmes à cette nature d'effort en se déviant, et par là le treillis prendra un autre mode de résistance, en vertu duquel les compressions seront toujours rejetées sur les montants. La ferme travaillera constamment comme réseau simple en choisissant les diagonales qui, à un instant quelconque, se présentent pour la tension. A ce point de vue, les deux systèmes de diagonales seront calculés chacun pour la charge entière, ce qui équivaut à faire $V = 2$ dans la formule du numéro précédent. Il est vrai qu'alors les montants pourront être appelés à travailler par compression, mais à un très-faible coefficient, car la tension permanente $p\delta$ neutralise en bonne partie, si ce n'est complétement, les efforts de sens contraire. La compression effective, si elle se produit, est limitée à $\frac{p'\delta}{2(2m+1)}(m-n)(m+n-1)-p\delta$, tandis que, sous charge complète, la tension maximum atteint encore $(p+p')\delta$. Il suffit donc que p ne soit pas inférieur à $\frac{m(m-1)}{2(2m+1)}p'$ pour que les montants n'aient rigoureusement jamais à subir aucune compression, auquel cas on obtient ce remarquable résultat que toutes les barres du treillis n'ont à résister qu'à des tensions, ce qui supprime toute sujétion de raidissement. Cela permet d'atteindre de très-grandes hauteurs de poutres et de rendre la forme cintrée plus avantageuse que celle de poutre droite. Ces conditions favorables subsistent encore lorsque la compression maxima des montants, sans être toujours nulle, reste du moins contenue dans certaines limites ; et s'il y a lieu d'appliquer à ces tiges un coefficient V, comme nous allons le faire, c'est beaucoup moins en vue des compressions possibles que dans le but de maintenir la ferme dans sa position verticale au moyen de dispositions convenables, telles par exemple que des contreventements verticaux attachés aux montants (*fig.* XXXV, *pl.* 8), lesquels doivent alors fournir des points d'attache d'une fixité suffisante. Moyennant l'addition de ce coefficient V appliqué aux tiges verticales (mais n'affectant plus les barres diagonales), il sera superflu d'ajouter un terme $\frac{2}{3}\frac{N\theta h^2}{l}$, comme dans le cas précédent. C'est absolument la même addition exprimée sous une autre forme.

On voit qu'il y aura avantage à astreindre les pièces de la paroi verticale à obéir à la deuxième hypothèse plutôt qu'à la première, toutes les fois que celle-ci exigerait pour le raidissement des diagonales l'application d'un coefficient V supérieur à 2. Mais il est à peine besoin de faire remarquer que, bien qu'affranchies de toute compression d'après la deuxième hypothèse, les diagonales offriront plus de sécurité encore si on leur donne toute la raideur que comporte, avec une forme convenable, l'aire de leur section théorique, car on les rendra ainsi capables de résister à volonté de deux manières différentes ; le mode de résistance effectif sera une sorte de moyenne qui limitera les efforts réels à un chiffre inférieur aux limites admises.

145. — D'après les considérations du numéro précédent, le poids du mètre courant de poutre cintrée à croisillons complets pourra se représenter par :

$$\frac{P}{l} = \frac{(p+p')l}{(2m+1)^2}\left\{ m(m+1)l^2\left(U+\frac{q}{2m+1}\right)\frac{1}{h} + \frac{2h}{3}\left[(U+V)(2m+1)^2 \right.\right.$$
$$\left.\left. + \frac{2q}{5(m+1)}(4m^4+10m^3+10m^2-10m+1)\right]\right\} + \Omega;$$

ou bien, si l est exprimé par $N\delta$ (N étant impair) :

$$\frac{P}{l} = (p+p')l\left\{\frac{N^2-1}{4N^2}l^2\left(U+\frac{q}{N}\right)\frac{1}{h} + \frac{2h}{3}\left[U+V+\frac{q}{5}\left(N+\frac{1}{N}-\frac{30(N-1)}{N^2(N+1)}\right)\right]\right\} + \Omega.$$

146. — **Bow-string parabolique divisé en un nombre pair d'intervalles.** — Nous allons supposer maintenant que la portée l est exprimée par $2m\delta$, et nous considérerons le cas général d'un bow-string dont les deux tables sont courbes, ainsi que l'indique la figure 35. La hauteur totale au milieu est la somme des flèches h et h' de la courbure au-dessus et au-dessous de l'horizontale AB menée par les points de réunion extrêmes. Les diverses pièces sont, comme précédemment, numérotées en allant du milieu vers chaque extrémité.

Si le tablier était placé suivant la tangente à la table inférieure, il y aurait lieu de prolonger les montants jusqu'à cette tangente et d'ajouter un longeron horizontal. Mais rien n'empêche d'établir le plancher à la hauteur de la ligne AB, et d'économiser, sinon le longeron, du moins les prolongements de tiges; à moins que l'arc supérieur ne soit, comme au pont de Saltash, formé par une section tubulaire unique envahissant la largeur occupée par le tablier, disposition qui exige de tenir les extrémités A et B à une hauteur suffisante au-dessus des rails. Mais deux fermes distinctes bien entretoisées et contreventées entre elles, tout en laissant passage libre aux locomotives, peuvent constituer un ensemble suffisamment rigide; et nous ne nous occuperons en conséquence que des pièces représentées dans la figure, sauf l'addition éventuelle d'un longeron entretoisant les montants à la hauteur du tablier, cette pièce étant regardée comme comprise dans le terme Ω indépendant de la hauteur.

On a comme données géométriques :

Longueur du $n^{\text{ème}}$ montant vertical $= \dfrac{m^2-(n-1)^2}{m^2}(h+h')$; somme des longueurs des

$$2m-1 \text{ montants} = (h+h')\frac{(4m^2-1)}{3m};$$

Longueur du $n^{\text{ème}}$ tronçon de table supérieure $= \dfrac{1}{m^2}\sqrt{m^4\delta^2+(2n-1)^2h^2}$;

Long. de la $n^{\text{ème}}$ diagonale en ligne pleine $= \dfrac{1}{m^2}\sqrt{m^4\delta^2+[(m^2-n^2)(h+h')+(2n-1)h']^2}$.

Cette diagonale est inclinée sur l'horizon d'un angle α donné par :

$$\sin\alpha = \frac{(m^2-n^2)(h+h')+(2n-1)h'}{\sqrt{m^4\delta^2+[(m^2-n^2)(h+h')+(2n-1)h']^2}}.$$

Le $n^{\text{ème}}$ tronçon de table supérieure fait avec la verticale un angle γ tel que

$$\cot\gamma = \frac{(2n-1)h}{m^2\delta}$$

On obtiendra les quantités analogues, relatives à la table inférieure et aux diagonales ponctuées, en changeant simplement h en h', et h' en h.

147. — C'est toujours sous pleine charge que les plates-bandes doivent être calculées, quelles que soient les diagonales adoptées. L'effort du $n^{\text{ème}}$ tronçon supérieur a pour valeur $\frac{(p+p')\delta}{2(h+h')}\sqrt{m^4\delta^2+(2n-1)^2h^2}$, et celui du $n^{\text{ème}}$ tronçon inférieur s'obtient par la même formule modifiée en intervertissant h et h', ce qui ne change que le deuxième terme sous le radical. Si l'on coupe ces deux tronçons correspondants suivant une verticale, leurs efforts fourniront une projection verticale résultante, égale à $\frac{(p+p')\delta}{2}(2n-1)$, ce qui fait précisément équilibre à l'effort tranchant; ainsi, lorsque la surcharge est complète sur toute la longueur du pont, les diagonales ne travaillent point.

Le poids du $n^{\text{ème}}$ tronçon de table supérieure, s'exprimant par $\frac{(p+p')\delta t}{2m^2(h+h')}[m^4\delta^2+(2n-1)^2h^2]$, on en conclut que le poids total de cette table sera $\frac{(p+p')\delta t}{h+h'}\left[m^3\delta^2+(4m^2-1)\frac{h^2}{3m}\right]$, et en ajoutant le coefficient U, les deux tables pèseront ensemble :

$$\frac{(p+p')\delta t U}{h+h'}\left[2m^3\delta^2+(4m^2-1)\frac{(h^2+h'^2)}{3m}\right].$$

148. — La surcharge régnant encore sur la portée entière, l'effort des tiges verticales se trouvera, en remarquant que pour l'équilibre du point I, il faut que la tige DI détruise la résultante des efforts des deux tronçons LI, EI, aboutissant à ce point, les diagonales étant alors inactives, comme on vient de le remarquer. On a :

$$\text{Tension du } n^{\text{ème}} \text{ montant} = (p+p')\delta\frac{h}{h+h'} \text{ val. const. quelle que soit } n.$$

Dans le cas où l'effort maximum sera toujours limité à cette valeur, le poids total des $2m-1$ montants sera indépendant de h' et aura pour expression $(p+p')\delta th\,\frac{4m^2-1}{3m}$.

Cela suppose que la charge est appliquée tout au bas des montants. Si, au contraire, le tablier est au niveau de la ligne AB, la partie supérieure de chaque montant conservera le même effort de tension que précédemment, mais la partie inférieure supportera une compression $(p+p')\delta\,\frac{h'}{h+h'}$, et si l'on donne des sections différentes aux deux parties, le poids total s'exprimera par $(p+p')\delta t\cdot\frac{4m^2-1}{3m}\cdot\frac{h^2+Vh'^2}{h+h'}$, V étant un cofficient de raideur appliqué aux portions comprimées, et qu'on pourrait étendre aussi aux parties supérieures en vue de la rigidité qu'elles doivent prêter au tablier considéré dans son ensemble.

149. — Si les *diagonales en lignes pleines* existent seules, on trouvera l'effort T de la $n^{\text{ème}}$ diagonale ED (*fig.* 35) en la coupant par un plan GH, et exprimant la nullité de la somme des projections verticales des forces appliquées à la portion de ferme comprise entre A et la section GH.

Or le $n^{\text{ème}}$ tronçon de table supérieure, coupé par la ligne GH, a pour effort une compression $= \frac{M}{ID \times \sin\gamma}$, M étant le moment de rupture autour du point D. Le tronçon CD éprouve au contraire une tension $= \frac{M'}{EC \times \sin\gamma'}$, M' étant le moment de rupture au point E ou C. Par suite, si F est l'effort tranchant dans l'intervalle CD, on aura :

$$T \sin\alpha = F - \frac{M \cot\gamma}{ID} - \frac{M' \cot\gamma'}{EC}.$$

Cette expression étant de la forme F — AM — A'M', sera un maximum lorsque la surcharge ira de D (inclusivement) jusqu'à la culée B, selon l'observation faite au n° 7. En appliquant la règle donnée, et remplaçant cot γ, cot γ' et les longueurs ID, EC, des $n^{\text{ème}}$ et $(n+1)^{\text{ème}}$ montants, par leurs valeurs, on arrive à l'effort maximum de tension de la diagonale, savoir :

$$T = \frac{p'\delta}{4m(h+h')}\sqrt{m^4\delta^2 + [(m^2-n^2)(h+h') + (2n-1)h']^2}.$$

Le poids de cette barre est $= \frac{p'\delta l}{4m^3(h+h')}\left\{ m^4\delta^2 + [(m^2-n^2)(h+h') + (2n-1)h']^2 \right\}.$

En sommant cette expression, où n prend les valeurs successives 1, 2,.... $m-1$, puis doublant pour que le résultat comprenne la portée entière, on obtient pour le poids total des $2(m-1)$ diagonales pleines :

$$\frac{p'\delta l}{60m^2(h+h')}\left\{30m^3(m-1)\delta^2 + \left(16m^4 - 15m^3 - 1\right)h^2 + \left(16m^4 + 15m^3 - 120m + 119 - \frac{30}{m}\right)h'^2 + 8(4m^4 - 5m^2 + 1)hh'\right\}$$

Dans un réseau simple, il faudra multiplier ce poids par un coefficient de raideur, car les barres subissent, sous une charge partielle complémentaire, des compressions aussi grandes que les tensions T.

Une charge régnant depuis une culée jusqu'en un point quelconque du tablier, comprime toutes les diagonales (pleines) de la demi-travée attenante à cette culée, et tend toutes celles de la demi-travée opposée.

150. — En n'ayant toujours que les diagonales en lignes pleines, une surcharge partielle sur le côté droit tendra à faire subir au $n^{\text{ème}}$ montant vertical une compression dont on trouvera la valeur en considérant une section telle que G'H' (*fig.* 35), et écrivant encore l'équation des projections verticales des forces. Dans cette équation interviendront l'effort tranchant après le point D, et le moment de rupture autour de ce point, moment unique dont dépendent les efforts des tronçons EI, DS, traversés par la section G'H'. On trouvera pour le maximum de la compression cherchée, due à la surcharge p',

$$\frac{p'\delta(m+n-2)}{4m(h+h')}[(m-n)(h+h') + 2h'],$$

formule qui ne s'applique pas à la barre du milieu pour laquelle $n=1$.

La compression effective qui pourra se produire ne sera que la différence entre la valeur ci-dessus et celle de la tension permanente $\frac{p\delta h}{h+h'}$.

La tension maxima excédera la compression de toute la valeur $\frac{(p+p')\delta h}{h+h'}$; car l'effet spécial d'une surcharge partielle sur le côté gauche, complémentaire de la précédente, doit être d'anéantir d'abord la compression produite par la charge de droite, puis en outre d'élever la tension à la valeur qu'elle possède lorsque les poids $p'\delta$ sont appliqués à tous les montants. Ainsi cette surcharge complémentaire, agissant seule, produira, en y joignant l'effort permanent, une tension

$$\frac{(p+p')\delta}{h+h'}\left\{h+q\frac{(m+n-2)}{4m}[(m-n)(h+h')+2h']\right\}$$

d'après laquelle devra être calculé le poids des montants si les diagonales en lignes pleines existent seules, et si la charge est appliquée au bas des montants.

151. — Mais si la charge est placée à la hauteur de la ligne AB passant par les points de jonction des plates-bandes, la partie inférieure du montant subira de moindres tensions et de plus grandes compressions, car l'effort tranchant ne sera pas le même quand la ligne G'H' coupera le montant au-dessus ou au-dessous du point d'attache de la pièce de pont. Lorsque les poids $p'\delta$ seront appliqués seulement au $n^{\text{ème}}$ montant et à tous ceux de droite, la partie inférieure de ce $n^{\text{ème}}$ montant subira une compression $p'\delta\frac{m+n}{4m}\cdot\frac{(m-n)(h+h')+2h'}{h+h'}+\frac{p\delta h'}{h+h'}$.

152. — La *barre verticale du milieu* fait exception aux formules précédentes, parce qu'un plan sécant ne peut la traverser sans couper aussi une diagonale. Mais l'effort de ce montant est déterminé par la condition de faire équilibre à la résultante, toujours verticale, des compressions subies par les deux tronçons de la plate-bande supérieure. Quand le pont est complétement chargé, la tige supporte une tension maxima de $\frac{(p+p')\delta h}{h+h'}$ dans sa partie supérieure; et au-dessous du point où elle reçoit l'entretoise, elle est au même instant comprimée de $\frac{(p+p')\delta h'}{h+h'}$; mais la compression sera plus grande si l'on décharge entièrement le pont, à l'exception du montant milieu considéré, et elle atteint dans ce cas la valeur $\frac{(p+p')\delta h'}{h+h'}+p'\delta\frac{(m-1)h}{m(h+h')}$ ou $\frac{(p+p')\delta h'}{h+h'}\left[1+\frac{(m-1)h}{mh'}q\right]$. Si, au contraire, la surcharge régnait sur tout le pont, excepté sur la tige du milieu, la partie inférieure de cette tige ne supporterait plus que $\frac{p\delta h'}{h+h'}-\frac{p'(m-1)\delta h}{m(h+h')}$, ce qui peut se changer en tension si le signe devient négatif.

153. — Si maintenant on exclut les diagonales en lignes pleines pour adopter celles *en lignes ponctuées*, il est facile de voir qu'on aura les efforts et le poids de celles-ci par les formules trouvées pour les premières au

n° 149, moyennant le seul changement de h en h' et de h' en h, comme si l'on retournait la poutre sens dessus dessous.

Quant aux montants, celui de rang n supportera, au moins dans sa partie supérieure, une tension maxima $= \frac{p'\delta h}{h+h'} + p'\delta \frac{(m+n)[(m-n)(h+h')+2h]}{4m(h+h')}$; et si la charge est appliquée en un certain point de la hauteur du montant, la portion au-dessous de ce point pourra être comprimée par une force égale à $p'\delta \frac{m-n+2}{4m} \cdot \frac{(m+n)(h+h')-2h}{h+h'} + \frac{p'\delta h'}{h+h'}$, laquelle se produira lorsque le montant considéré et ceux de gauche supporteront seuls des poids $p'\delta$.

Il est facile de reconnaître *à priori* que ce dernier effort peut se déduire de la dernière formule du n° 150 par le simple changement de h en h' et de h' en h. La compression maxima du n° 151 est également liée à la tension maxima du présent numéro en vertu de la même symétrie. En effet, si l'on renverse le bow-string sens dessus dessous, la partie inférieure du montant deviendra partie supérieure, le système de diagonales aura changé, h et h' se seront intervertis, enfin le signe de toutes les forces aura aussi changé. — La tige du milieu se prête aux mêmes considérations.

154. — Les formules précédentes permettent d'établir facilement le prix de revient d'un réseau simple, mais nous ne nous arrêterons qu'au *cas où les diagonales sont doublées et forment des croisillons complets.*

A la faveur de l'indétermination des efforts dans un réseau multiple, on peut alors envisager la résistance de l'une ou de l'autre des manières exposées aux n°s 143 et 144 (croisillons raides ou flexibles). Mais, sans négliger de donner aux diagonales la raideur que comportera leur section théorique, à titre de précaution supplémentaire, nous suivrons la deuxième méthode consistant à rejeter toujours les compressions sur les montants. Ils seront en effet mieux en mesure d'être raidis par suite de leurs efforts théoriques plus considérables que ceux des diagonales, et de la nécessité qu'il y aurait presque toujours de leur donner un surplus de section en vue de la liaison générale du tablier. Il est clair que si l'on suppose le tablier installé vers le milieu des montants, il faudra que ceux-ci aient de la rigidité ; ainsi ils seront aptes à résister à la compression, qu'ils y soient appelés ou non dans toute leur longueur. Les diagonales au contraire exigeraient le plus souvent un coefficient de raideur supérieur à 2 ; ce n'est donc pas une trop grande dépense de les doubler, tout en ne comptant à chaque instant que sur celles qui sont appelées à travailler par tension ; et comme surcroît de sécurité, celles de compression ne resteront pas totalement inefficaces, car elles pourront être raidies d'une manière déjà notable.

155. — Avant d'établir les formules du poids total, il faut d'abord spécifier exactement les efforts auxquels les montants seront appelés à résister.

Remarquons d'abord que, sous l'action d'une surcharge partielle allant d'une culée jusqu'à un point quelconque, les diagonales tendues, seules considérées comme agissantes, seront toutes inclinées dans le même sens, d'un bout de la ferme à l'autre : ce seront celles dont le pied s'incline vers la culée atteinte par la surcharge partielle. Il résulte de là que, sous un tel mode de charge, un montant quelconque peut être coupé par un plan qui ne traverse pas de diagonales actives, et son effort se déterminera comme si le treillis était simple. Le montant du milieu lui-même rentrera dans les formules générales, car il n'y aura plus en ce point l'inversion forcée de diagonales travaillantes qui se produisait dans les treillis simples avec les figures adoptées.

La partie supérieure des montants se calculera généralement pour un effort constant $(p+p')\frac{\delta h}{h+h'}$, qui n'est autre que la tension produite sous charge complète. Une surcharge partielle pourrait produire une compression égale à

$$\frac{p'\delta(m+n-2)}{4m(h+h')}[(m-n)(h+h')+2h'] - \frac{p\delta h}{h+h'} \qquad \text{(Voir n° 150)};$$

mais pour que cet effort excédât le précédent, il faudrait que h' devînt grand et h petit. Pour $h=h'$, la première formule suffit tant que m ne surpasse pas la limite $\frac{1}{2}\left(3+4\frac{p}{p'}+\sqrt{\left(3+4\frac{p}{p'}\right)^2+1}\right)$; par exemple, pour $q=0{,}60$ ou $\frac{p}{p'}=\frac{2}{3}$, m peut atteindre la valeur 5. Pour h' nul, il suffirait que m fût inférieur à $6+8\frac{p}{p'}$, ce qui a toujours lieu, et même dans ce cas il peut arriver qu'il ne se manifeste jamais aucune compression effective, si la tension permanente prédomine toujours sur les compressions que peut produire la surcharge. Ordinairement m est inférieur à 5; s'il l'excédait légèrement, quelques-uns des montants seraient un peu plus comprimés que tendus, mais cette faible différence pourrait même être négligée, grâce au surplus de section que l'on donnera toujours. Nous affecterons en effet le poids des montants d'un coefficient V, destiné à procurer la raideur nécessaire pour résister à la compression et pour coopérer à la stabilité transversale de l'ouvrage.

Si maintenant nous passons à la partie inférieure des montants, située au-dessous du point où la charge leur est appliquée, l'effort de compression serait $\frac{(p+p')\delta h'}{h+h'}$ en ne considérant que la surcharge complète. Mais sous une surcharge partielle, cet effort atteindra la valeur plus grande (n° 153) :

$$\frac{p\delta h'}{h+h'}+p'\delta.\frac{m-n+2}{4m}.\frac{(m+n)(h+h')-2h}{h+h'},$$

d'après laquelle la pièce doit être calculée. On en conclut le poids de la partie inférieure du $n^{\text{ème}}$ montant, en multipliant par la longueur et par la quantité tV; et comme la formule subsiste pour le montant du milieu, il suffira de sommer, en supposant que n prenne les valeurs successives 1, 2,... m, puis de doubler et de retrancher la valeur relative à $n=1$, afin de ne pas compter deux fois la barre du milieu. On obtient ainsi la valeur inscrite au numéro suivant pour le poids total des parties inférieures des $2m-1$ montants.

156. — En ajoutant aux montants ainsi calculés, le poids total des tables (nº 147) et celui des deux systèmes de diagonales (nºs 149 et 153), on aura le poids total du bow-string.

$$\text{Poids total des tables} = \frac{(p+p')\delta t U}{h+h'}\left[2m^3\delta^2 + (4m^2-1)\frac{h^2+h'^2}{3m}\right];$$

$$\text{— des diagonales} = \frac{p'\delta t}{30m^2(h+h')}\left[30m^3(m-1)\delta^2 + (h^2+h'^2)\left(16m^4 - 60m + 59 - \frac{15}{m}\right) + 8hh'(4m^4 - 5m^2 + 1)\right];$$

$$\text{— montants}\begin{cases}\text{Partie supérieure} = \dfrac{(4m^2-1)(p+p')\delta t h^2 V}{3m(h+h')};\\[2mm] \text{Partie inférieure} = \dfrac{(4m^2-1)(p+p')\delta t h'^2 V}{3m(h+h')} +\end{cases}$$

$$+ \frac{p'\delta t h' V}{60m^2(h+h')}[h(16m^4 + 15m^3 - 20m^2 - 15m + 4) + h'(16m^4 - 40m^3 + 20m^2 + 10m - 6)]$$

Poids moyen du bow-string par mètre courant = ...

$$\frac{(p+p')t}{12m^2(h+h')}\left\{3m^2Ul^2 + 2(U+V)(4m^2-1)(h^2+h'^2) + \frac{q}{10m^2}\left[15m^2(m-1)l^2 + 2(h^2+h'^2)(16m^5 - 60m^2 + 59m - 15) + 16mhh'(4m^4 - 5m^2 + 1) + mVhh'(16m^4 + 15m^3 - 20m^2 - 15m + 4) + 2mVh'^2(8m^4 - 20m^3 + 10m^2 + 5m - 3)\right]\right\} + \Omega.$$

Pour le cas où $h = h'$, cette formule devient en représentant la hauteur totale par H :

Poids moyen du mètre courant de bow-string à tables d'égale courbure = ...

$$\frac{(p+p')t}{12m^2}\left\{\frac{3m^2Ul^2}{H} + (U+V)(4m^2-1)H + \frac{q}{10m^2}\left[\frac{15m^2(m-1)l^2}{H} + H(32m^5 - 20m^3 - 60m^2 + 63m - 15) + \frac{mVH}{4}(32m^4 - 25m^3 - 5m - 2)\right]\right\} + \Omega;$$

ou bien en faisant $2m = N$:

$$\text{Poids par mètre} = (p+p')t\left\{\frac{Ul^2}{4H} + \frac{(U+V)(N^2-1)H}{3N^2} + \frac{q}{60N^4}\left[15N^2(N-2)\frac{l^2}{H} + 4H(2N^5 - 5N^3 - 30N^2 + 63N - 30) + \frac{NVH}{8}(16N^4 - 25N^3 - 20N - 16)\right]\right\} + \Omega.$$

Le rôle important des montants, qui sont utilisés pour les attaches du tablier, et la faiblesse de leurs efforts théoriques exigeront une grande valeur de V.

157. — **Poutre cintrée parabolique divisée en un nombre pair d'intervalles.** — Le cas particulier où $h' = 0$ donne :

Poids du mètre courant de poutre cintrée = ...

$$(p+p')t\left\{\frac{Ul^2}{4h} + \frac{(U+V)(4m^2-1)h}{6m^2} + \frac{q}{m^2}\left[\frac{(m-1)l^2}{8h} + \frac{h}{60m^2}(16m^5 - 60m^2 + 59m - 15)\right]\right\} + \Omega$$

ou, N étant pair :

Poids par mètre = ...

$$(p+p')t\left\{\frac{l^2}{4h}\left(U + \frac{N-2}{N^2}q\right) + \frac{2h}{3N^2}\left[(U+V)(N^2-1) + \frac{q}{5N^2}(N^5 - 30N^2 + 59N - 30)\right]\right\} + \Omega.$$

Les observations du nº 144 s'appliquent encore ici. Aucun montant ne sera jamais comprimé si l'on a $p > \frac{(m-1)^2}{4m} p'$, et alors même que cette condition ne serait pas remplie, on n'aura guère à se préoccuper des compressions qui demeurent toujours fort inférieures aux tensions. Le coefficient V est donc essentiellement conservé en vue de donner aux montants une rigidité qui permette de les utiliser pour la liaison des poutres entre elles; mais sa valeur pourra être notablement moindre que dans le cas de $h = h'$, du numéro précédent.

158. — Les efforts des pièces se déduisent aisément des formules générales. On a :

Effort max. constant de la table inférieure $= \frac{m^2(p+p')\delta^2}{2h}$;

— du $n^{\text{ème}}$ tronçon de table supérieure $= \frac{(p+p')\delta}{2h}\sqrt{m^4\delta^2 + (2n-1)^2h^2}$;

— de la $n^{\text{ème}}$ diagonale pleine (*fig.* 35) $= \frac{p'\delta}{4mh}\sqrt{m^4\delta^2 + (m^2 - n^2)^2h^2}$;

— — ponctuée $= \frac{p'\delta}{4mh}\sqrt{m^4\delta^2 + [m^2 - (n-1)^2]^2h^2}$;

— du $n^{\text{ème}}$ montant $\begin{cases} \text{tension} = (p+p')\delta; \\ \text{compression (s'il y a lieu)} = \frac{(m-n)(m+n-2)p'\delta}{4m} - p\delta. \end{cases}$

CHAPITRE XIII

SUITE DES BOW-STRINGS. — APPLICATIONS.

159. — La grande hauteur que doivent atteindre les bow-strings expose l'arc comprimé à se déjeter d'un côté ou de l'autre dans le milieu de la portée, mais cette hauteur même permettra généralement d'établir un *entretoisement supérieur* sans gêner le passage des trains. Les entretoises inférieures et supérieures, avec le concours des montants suffisamment élargis, constitueront des *cadres rigides* pour relier les fermes entre elles. Si la hauteur devient très-grande, on ne se contentera pas de simples goussets aux angles de ces cadres, mais on les consolidera au moyen de croix de saint André verticales, pareilles à celles indiquées dans la figure XXXV, pl. 8; c'est dans ce cas surtout qu'il y a lieu de donner aux montants un excédant de section afin qu'ils ne se courbent pas aux points d'attache du contreventement vertical.

Aux abouts, l'abaissement de la hauteur fait que la stabilité n'est nullement compromise par la suppression de l'entretoisement supérieur. Dans les parties intermédiaires, il pourra être bon d'établir des montants à large saillie, bien reliés avec les pièces de pont comme on le fait dans les ponts à poutres en garde-corps.

Enfin la rigidité de l'ensemble est complétée par le *contreventement hori-*

zontal inférieur, et un *contreventement supérieur cylindrique* régnant sur la partie du pont où la hauteur est suffisante. De la sorte, le déversement, ou l'effort de torsion, sera mieux combattu que dans des poutres en garde-corps, et il pourra l'être à moins de frais que dans un pont tubulaire droit où l'entretoisement supérieur doit régner sur la longueur entière.

La ferme doit se terminer à ses deux extrémités par des *panneaux en tôle pleine*, qui ne sont autre chose que le gousset d'assemblage des deux tables entre elles ; la liaison doit être puissante pour résister à l'effort d'arrachement, mais cela peut s'obtenir sans grande dépense à cause de la faible hauteur. Les nervures de ces parois pleines peuvent être moins fortes que dans une poutre droite, car la résistance à l'effort tranchant réside principalement dans l'inclinaison de l'arc.

160. — *Rigidité des arcs.* — Si l'on s'en tient à la forme de poutre cintrée à table inférieure droite, on a vu (nos **144** et **157**) qu'il est facile, quelle que soit la hauteur, d'éluder les compressions d'une manière complète sur les diagonales, et presque totalement aussi sur les montants, lesquels d'ailleurs sont toujours pourvus d'une assez grande raideur. Il est donc inutile dans ce cas de rendre l'arc rigide ; peut-être même est-il plus sage de laisser aux tables une certaine flexibilité, afin que ce soit bien, selon les prévisions, sur les tympans que retombe l'obligation de maintenir la forme de l'arc ; car si la rigidité propre de celui-ci usurpait ce rôle d'une manière trop sensible, il en résulterait des moments fléchissants en vertu desquels la répartition des pressions se ferait d'une manière inégale dans les diverses sections. Dans une certaine mesure, cela existera toujours et l'on doit en tenir compte par une légère augmentation du coefficient U. Cette remarque s'applique d'ailleurs aussi aux poutres droites qui ne sont pas rigoureusement des pièces à articulations, bien que calculées comme telles. Il convient de regarder les deux tables comme étant solidaires l'une de l'autre, et fournissant un moment de résistance en vertu duquel la pression est plus forte sur certaines fibres que sur les autres. Les barres de croisillons et montants bénéficieront de cette circonstance, et supporteront des efforts un peu moindres que ceux prévus dans les calculs.

C'est surtout lorsque la charge mobile est grande vis-à-vis du poids mort, qu'il convient de considérer le bow-string comme système articulé. Au contraire, si l'on fait reposer la résistance à la déformation sur la rigidité de l'arc, on est conduit à augmenter la charge permanente au moyen d'une forte couche de ballast. L'arc peut alors se calculer par les formules de flexion des pièces courbes ; on conserve néanmoins les diagonales, mais réduites à des tiges très-grêles ; les tables, au contraire, sont renforcées et leur section doit avoir une assez grande hauteur. Dans ces conditions on sera assuré que la rigidité jouera le principal rôle, car lorsque plusieurs organes sont en concurrence, l'effort se concentre sur ceux qui se trouvent le mieux en mesure de lui résister.

161. — **Comparaison entre des poutres droites et cintrées.** — Lorsque la hauteur disponible est illimitée, un pont à poutres droites chargées à la partie supérieure aura, sur les bow-strings, l'avantage de diminuer le cube des maçonneries en abaissant l'assise de calage. Mais si la hauteur est limitée, on n'a, pour faire choix d'un système, qu'à comparer les parties métalliques.

Si la poutre ne devait porter qu'une charge permanente p, uniformément répartie sur toute la longueur, la comparaison serait des plus simples. En effet, une poutre cintrée pourrait être dans ce cas privée de diagonales, et en lui donnant la hauteur la plus avantageuse, son poids par mètre courant s'exprimerait par la valeur suivante, en supposant $l = 2m\delta$:

$$\frac{P_1}{l} = \frac{plt}{m}\sqrt{\frac{4m^2-1}{3}} \text{ (pour la hauteur } = \frac{ml}{2}\sqrt{\frac{3}{4m^2-1}}\text{)};$$

d'un autre côté, tous coefficients négligés, une poutre à triangles (*fig.* 18, au n° 58) donnerait pour le minimum théorique de dépense (α étant égal à β) :

$$\frac{P_2}{l} = \frac{plt}{2m}\sqrt{m\left[m + \frac{2}{3}(4m^2-1)\right]} \text{ avec la hauteur } = \frac{l}{4m}\sqrt{1 + \frac{2}{3m}(4m^2-1)}.$$

Or, pour $m = \ldots\ldots$	1	2	3	4	5	6	7	8
On a $\frac{P_2}{P_1} = \ldots\ldots\ldots$	0,866	1,094	1,298	1,480	1,638	1,790	1,920	2,046

Ainsi pour $m = 8$, la poutre droite pèserait plus de deux fois autant que la poutre cintrée; mais cela suppose que la flèche de cette dernière poutre atteigne les 0,43 de la portée, tandis que la hauteur de la première n'excéderait pas les 0,148.

L'effet d'une surcharge mobile sera de rendre nécessaire l'addition de diagonales à cette dernière poutre ; mais pour la poutre droite aussi les efforts des barres seront plus grands qu'avec une charge permanente. La raideur exige encore un renforcement, mais surtout sur les contre-fiches de la poutre droite. — La poutre cintrée conservera généralement un grand avantage au point de vue du treillis, même avec des hauteurs différentes de la plus économique ; mais pour qu'il n'y ait rien à perdre sur les tables, il faudra qu'elle ait une flèche kl plus grande que la hauteur $k'l$ que l'on donnerait à la poutre droite comparée. Les poids des tables s'équivaudront dans les deux systèmes lorsqu'on aura entre k et k' la relation suivante, le coefficient U étant supposé le même dans les deux systèmes :

$$k' = \frac{2k(N^2-1)}{3(N^2-1) + 8N^2k^2} \text{ dans le cas de N impair,}$$

ou

$$k' = \frac{2k(N^2-1)}{3N^2 + 8(N^2-1)k^2} \text{ si N est pair.}$$

Au reste N influe peu ; si pour la poutre droite on prend $k' = 0,10$, on aura $k =$ env. 0,16 ; pour $k' = \frac{1}{8}$, la flèche serait les 0,21 de la portée.

En général, avec les flèches admissibles en exécution, on ne devra pas compter sur des économies dans les tables, mais l'avantage de la forme cintrée sera essentiellement d'alléger la paroi verticale (V. n° 168).

162. — **Premier exemple. Poutre cintrée à diagonales simples rigides** (*fig.* XXXIV, *pl.* 7). — Données : $l = 36^m$, $p = 2000^k$, $p' = 3300^k$, $p + p' = 5300^k$, $q = 0{,}623$; $\delta = 4^m$, $N = 9$ ou $m = 4$, $h = 6^m{,}50$.

La table inférieure supporte, sous charge, un effort constant de $130\frac{1}{2}$ tonnes. Elle se compose de trois cornières de $\frac{100/100}{12}$ mill., d'une lame verticale de 550/10, suffisante pour que les montants puissent s'y attacher par 12 rivets de $0^m{,}025$, et enfin de deux tôles horizontales de 600/10 chacune.

La table supérieure supporte des efforts que l'on exprimera par $\frac{(p+p')\delta}{2h}\sqrt{m^2(m+1)^2\delta^2 + 4(n-1)^2h^2}$, lesquels varient de $130\frac{1}{2}$ tonnes au milieu ($n = 1$) à $155^t{,}6$ au tronçon extrême ($n = 5$).

Les tiges verticales ont une tension maximum qui varie de 30^t à $21^t{,}2$. La première peut en outre être comprimée par une force égale à $\frac{p'\delta}{2(2m+1)}(m-n)(m+n-1) - p\delta = 800^k$ seulement, et pour les autres l'effort ne cesse jamais d'agir par tension. Aussi les montants ne sont-ils renforcés qu'en vue de la stabilité générale de l'ensemble du tablier. Les deux fermes se trouvent attachées solidement l'une à l'autre par le moyen de deux cadres rigides placés vers le milieu de la portée.

L'effort des diagonales (n° 139) varie de $17^t{,}2$ pour la première (milieu) à $10^t{,}8$ pour la dernière ($n = 4$). La première est dédoublée pour former une croix, dont chaque branche ne supporte que $8^t{,}6$. Les sections adoptées ont la raideur suffisante eu égard à leur effort par unité de section, lequel effort est très-réduit.

Le métré donne :

Tables	Cornières et lames vertic. avec leurs couv.-joints et les abouts pleins.	$10\,500^k$	$18\,800^k$
	Tôles horizontales avec leurs couvre-joints	8 300	
Montants verticaux		2 130	4 200
Diagonales		1 800	
2 lisses de garde-corps et gousset central		270	
TOTAL			$23\,000^k$

Soit 612^k par mètre courant (de la longueur totale de $37^m{,}60$).

La formule du n° 141 devient, avec les données de l'exemple actuel, et en ajoutant un terme spécial pour l'élargissement des montants :

$$\frac{P}{l} = 369\,U + 22{,}6\,V + 38{,}5 + 7{,}04\,\theta + \Omega.$$

Les tables pesant $\frac{18\,800^k}{37^m{,}60} = 500^k$ par mètre courant, on aura $U = \frac{500}{369} = 1{,}35$, y compris les panneaux-goussets des abouts. Ces derniers ayant un excédant de force, il serait permis d'abaisser un peu la valeur de U.

$$\text{Pour les diagonales, } V = \frac{50}{22{,}6} = 2{,}21.$$

Les montants pèsent, d'après le métré, environ 60kil. par mètre courant de poutre; le poids théorique étant seulement 38,5, il reste à couvrir $21^k,5$ au moyen du terme en θ, ce qui exige $\theta=3$; en d'autres termes, l'excédant de section donné aux montants équivaut à l'addition d'une lame saillante pesant $\theta h=19^k,5$ par mètre (de sa propre longueur).

Enfin Ω n'est ici que $\frac{270}{36}=8^k$ (soit les 0,013 du poids total).

163. — Si l'on adoptait des diagonales doubles, on pourrait laisser les montants sans changement, puisqu'ils sont en fait déterminés par d'autres conditions que les efforts théoriques; et les diagonales doubles, calculées pour tension seulement, donneraient un poids de 58 kil. par mètre. Ainsi, dans cet exemple, les diagonales simples, bien que V soit un peu plus grand que 2, procurent un léger bénéfice dû à ce qu'on a eu soin de choisir les diagonales courtes, qui sont aussi exposées aux moindres efforts. Toutefois l'économie est trop faible pour qu'il ne fût pas tout aussi convenable, si ce n'est plus, d'adopter des croisillons complets. C'est ce qui sera fait dans l'exemple suivant.

164. — **Deuxième exemple. Poutre cintrée à croisillons de tension** (*fig.* XXXV, *pl.* 8). — Données: $l=66^m$, $p=2500^k$, $p'=3000^k$, $p+p'=5500^k$, $q=0,545$, $\delta=6^m$, N = 11 ou $m=5$, $h=11$.

Comme dans l'exemple précédent, nous adoptons une surcharge modérée, parce que la valeur $p'=4000$ répondrait au cas purement fortuit du croisement de deux trains lourdement chargés.

La table inférieure éprouve, sous charge complète, une tension constante de 270 tonnes; la supérieure, 270^t au milieu et $316^t,5$ à l'extrémité; ou plutôt ce dernier effort sera moins élevé, car vers les abouts l'arc cesse d'être parabolique et se termine par des tangentes, dans le but de prolonger suffisamment la portée d'appui sur les rouleaux.

En regardant les diagonales comme ne devant travailler que par traction, de sorte qu'une seule branche de chaque croisillon résiste efficacement sous un chargement donné, les efforts seront:

Diagonales courtes.	N° 1 (milieu)	2	3	4	5
— longues.	N°s 1 et 2	3	4	5	
Efforts...........	$27^t,860$	26,540	23,764	19,904	15,690

Les sections adoptées ont une forme douée déjà d'une assez grande rigidité. Si on les eût astreintes à résister aux compressions pour la moitié de la charge, les efforts maximum seraient moitié de ceux ci-dessus, de sorte que les sections adoptées donneraient au moins V = 2, ce qui autoriserait à porter à 50 le rapport de la longueur à l'épaisseur réduite, condition qui n'est pas loin d'être remplie. Les tympans sont donc susceptibles de deux modes de résistance différents, celui qui se produira réellement sera un mode intermédiaire, à la faveur duquel les efforts seront inférieurs aux valeurs prévues.

Les montants portent 33 tonnes sous charge complète. Ils ne cessent jamais de travailler par tension, sauf le premier vers le milieu qui peut être comprimé de $1^t,345$ seulement. Toutefois leurs sections sont augmentées afin de donner de la rigidité aux cadres qui forment la liaison entre les deux poutres, et fournissent des points d'appui aux contreventements verticaux.

Le métré direct donne les résultats suivants :

Tables.	Cornières et lames verticales avec leurs couvre-joints et les panneaux extrêmes =	27 550^k	67 000^k
	Tôles horizontales avec leurs couvre-joints	37 400	
	Goussets entre la lame verticale et la tôle horizontale, cornières de bordure de la table supérieure	2 050	
Montants verticaux (compris 330^k pour couvre-joints et pièces accessoires d'attache)			8 100
Diagonales (y compris 1 100^k de couvre-joints, fourrures, plaques de croisement)			7 250
Garde-corps			650
TOTAL			83 000^k

Soit 1 203^k par mètre de la longueur totale 69^m.

La formule du n° 145 devient dans le cas actuel :

$$\frac{P}{l} = 754{,}5\,U + 52{,}5\,V + 97 + \Omega.$$

Les tables pèsent $\frac{65\,000^k}{69^m} = 942^k$ par mètre courant de poutre, ce qui conduit à $U = 1{,}25$. Pour les montants on a $V =$ env. 2,25. Ces quantités ne comprennent point les accessoires indépendants de h, dont voici le détail :

Accessoires faisant partie des tables		2 050^k	3 880^k
—	— des montants	330	
—	— des croisillons	850	
Garde-corps		650	

ce qui donne $\Omega = 57^k$ par mètre de la longueur totale, ou les 0,0475 du poids total.

Pour discuter la hauteur h, supposons qu'avec les données actuelles il y ait lieu d'adopter $V = 0{,}205h$ (pour des hauteurs supérieures à 5 mètres) et que la valeur $U = 1{,}25$ soit regardée comme à peu près constante. Le poids de la poutre (n° 145) pourra se mettre sous la forme :

$$\frac{P}{l} = 7{,}15\left(\frac{1\,392}{h} + 1{,}624\,h + 0{,}137\,h^2\right) + 57^k.$$

Il devient alors minimum pour $h = 15^m{,}50$, ce qui l'abaisse à 1 115 kil., au lieu de 1 208 kil. que donne la même formule pour la hauteur adoptée de 11 mètres.

165. — **Pour comparer la poutre cintrée au bow-string proprement dit**, à égalité de hauteur totale au milieu, soient par exemple les données : $l = 60^m$, $N = 10$, $p + p' = 5\,500^k$, $q = 0{,}55$, hauteur totale maximum $= 10^m$, $U = 1{,}25$, $V = 2$ pour la poutre cintrée.

Il faut d'abord examiner quelle valeur de V conviendrait pour le bow-string à tables d'égale courbure. Or la partie supérieure des montants a pour effort maximum constant $16\frac{1}{2}$ tonnes, tandis que la partie inférieure peut être comprimée par des efforts variables de 30^t à $21^t,9$. Ce sont des charges moindres que celle de 33^t à laquelle doivent résister les montants de la poutre cintrée, mais en revanche ici la raideur pour résister à la compression est de rigueur dans la partie inférieure ; cependant ce n'est pas même cette condition qui fixe la limite, les montants doivent être plus forts que ne l'indique la théorie, à cause de leur rôle d'intermédiaires entre la poutre et le tablier. On leur donnera donc une section au moins égale à celle adoptée pour poutre cintrée, ce qui conduit à un coefficient V' environ égal à 3.

Le terme Ω a aussi une valeur plus désavantageuse dans le cas où les deux tables sont courbes, à cause du longeron qu'on ajoutera toujours au niveau du tablier, bien qu'il ne soit pas rigoureusement indispensable. Prenons par exemple $\Omega = 55$ pour la poutre cintrée, et $\Omega = 120$ pour la poutre aux deux tables courbes.

Alors les formules des n°s 156 (pour $h = h'$) et 157 (pour $h = 0$) donnent respectivement pour l'exemple considéré :

Poids du mètre courant de bow-string à deux tables courbes... $= 1\,137^k$;
— de la poutre cintrée à tirant droit...... $= 1\,092^k$.

Ainsi, à égalité de hauteur totale, on préférera la forme simplement cintrée, qui est la plus commode. Toutefois il est possible que le bow-string aux deux tables courbes devienne un peu plus avantageux dans certains cas où on le regarderait comme autorisant l'adoption d'une hauteur totale plus grande, à cause du triple entretoisement à trois niveaux différents, pourvu que cet entretoisement plus considérable ne consomme pas totalement l'économie réalisée sur la poutre elle-même.

166. — Le dernier projet (*fig.* XXXV, *pl.* 8) nous a donné U plus faible et Ω plus grand que le premier exemple. Mais on peut, pour simplifier, les ramener à peu près aux mêmes valeurs : il suffit pour cela de faire rentrer dans U les accessoires faisant partie des tables, de sorte que celles-ci s'élèvent à $67\,000^k$ (n° 164) ; par suite, U sera égal à 1,29 au lieu de 1,25, et Ω aux 0,022 du poids total, au lieu des 0,0475. — Déjà au n° 102, nous avons pareillement attribué à U des cornières de bordures et plaques d'entretoisement, bien qu'à la rigueur ces accessoires ne dépendent guère de la hauteur, mais plutôt de la forme particulière des tables.

167. — Admettant généralement $h = 0,18l$, $U = 1,30$, $V = 2,50$ et $\Omega =$ les 0,025 du poids, on peut former le tableau n° X des quantités $\frac{P}{(p+p')l^2}$ pour diverses valeurs de N et de q, et pour des poutres cintrées à croisillons. Les nombres de ce tableau, étant multipliés par $(p+p')l$, donneront le poids moyen du mètre courant. — Ils ont été calculés au moyen des formules des n°s 145 et 157, lesquelles, avec les données admises, deviennent respectivement :

$$\frac{P}{(p+p')l^2} = 0,0030135 - \frac{0,0024}{N^2} + \left[0,00185\frac{N^2-1}{N^3} + 0,000032\left(N + \frac{1}{N} - \frac{30(N-1)}{N^2(N+1)}\right)\right]q$$

pour N impair,

et :

$$\frac{P}{(p+p')l^2} = 0{,}0030135 - \frac{0{,}0006}{N^2} + \left[0{,}00185\,\frac{N-2}{N^2} + 0{,}000032\left(N - \frac{30(N^2+1)-59N}{N^4}\right)\right] q$$

pour N pair;

Ω se trouve compris dans les quantités numériques, qui ont été multipliées par 1,025.

168. — Pour des poutres portant voie entière, on pourra admettre :

Pour l =	20^m	60^m	80^m
$p + p'$ =	6 900^k	6 700	7 300
Et q =	0,72	0,60	0,55

En supposant en outre, comme au n° 92, N=7 pour les ponts de 20 mètres, 8 pour ceux de 30 à 60 mètres, 9 pour 70 mètres, et 10 pour 80 mètres, on pourra dresser le tableau suivant :

l =	20^m	30	40	50	60	70	80
Poids du mètre courant de poutre port. voie ent. =	460^k	680	890	1 100	1 310	1 600	1 900

Ces poids diffèrent peu de ceux des poutres à triangles simples (92) ou à croisillons sans montants (105), de sorte que l'avantage de la forme cintrée ne résiderait point dans la poutre elle-même, mais se réduirait à diminuer la longueur sur laquelle s'étendent l'entretoisement et le contreventement supérieurs. Sur d'autres systèmes de poutres, l'avantage en poids sera plus sensible, mais il pourrait arriver que le constructeur demandât un prix plus élevé par kilog. pour des ouvrages à tables courbes que pour ceux à poutres droites : dans ce cas, la comparaison définitive ne pourrait se faire que par l'application des prix.

Comme la forme cintrée permet de reléguer au rang de question secondaire la raideur de la paroi verticale (144 et 157), une poutre cintrée ne portant qu'un seul rail ne pèsera guère plus de la moitié des poids donnés ci-dessus pour les poutres chargées d'une voie entière. Aussi, pour les cas de faible charge, l'avantage de la forme cintrée deviendra plus décisif.

Nous renouvelons ici une remarque déjà faite plusieurs fois : c'est qu'en général, pour qu'une poutre puisse supporter intégralement la surcharge d'une voie, il faut considérer le cas du croisement de deux trains lourds ; si donc pour ce cas fortuit on consent à élever un peu la valeur de R, on pourra réduire les poids donnés ci-dessus.

CHAPITRE XIV

FERMES EXERÇANT DES POUSSÉES SUR LES APPUIS.

169. — Lorsque les culées sont susceptibles de résister à des actions obliques, il est possible d'exécuter des fermes métalliques d'un moindre

poids que lorsque les réactions des appuis sont assujetties à demeurer verticales. Les ponts en arc et les ponts suspendus rigides se présenteront rarement en concurrence avec les autres systèmes de ponts, car ils exigent des conditions spéciales pour la disposition des appuis; mais quand ces conditions se trouvent satisfaites, ils peuvent offrir de l'avantage relativement au poids de la partie métallique. Quant au prix de revient, il en pourrait être autrement, parce qu'il y a généralement lieu de compter sur un prix plus élevé par kilogramme en œuvre dans les ponts en arc, qui sont composés de pièces plus compliquées et moins régulières que les ponts à poutres droites.

Des comparaisons générales seraient difficiles et incertaines à cause des éléments distincts qu'il faudrait considérer. Nous nous bornerons à quelques indications sur le mode de résistance des arcs à tympans rigides, afin de compléter l'étude générale des systèmes articulés propres à la construction des ponts.

Bien que les tympans offrent toujours une certaine rigidité, on fait habituellement abstraction de leur résistance, et l'on compte uniquement sur la rigidité propre des arcs. Les méthodes de calcul applicables à ces arcs rigides se trouvent exposées dans les ouvrages de MM. Bélanger (*Théorie de la résistance et de la flexion plane des solides*) et Bresse (*Mécanique appliquée*). L'arc est assimilé à une sorte de voûte, sauf toutefois cette différence que dans une voûte en maçonnerie on s'interdit de laisser jamais la courbe des pressions sortir de la zone comprise entre les courbes d'intrados et d'extrados, tandis que cette prescription n'est plus absolue pour un arc métallique qui peut résister efficacement à la tension comme à la compression. La stabilité dépend non-seulement de l'aire des sections, mais de leur moment d'inertie. Les montants sont considérés comme de simples supports, et les remplissages des tympans sont réduits au rôle d'accessoires arbitraires.

Mais on pourrait aussi, comme on va le voir, calculer les ponts en arc en supposant qu'ils forment avec les tympans un treillis articulé. En réalité la résistance du pont reposera en partie sur la rigidité des arcs, et en partie sur celle du treillis formé par les tympans. Ce conflit entre deux modes de résistance différents est analogue à celui que nous avons déjà remarqué dans les bow-strings (160).

170. — **Arc parabolique articulé, à tympans rigides.** — L'arc BAC (*fig.* 36) a la forme d'un polygone inscrit dans une parabole à axe vertical. Les montants sont placés à des intervalles constants δ, et au sommet de chacun d'eux est appliqué en permanence un poids $p\delta$, et accidentellement un autre poids $p'\delta$. Si l'on se borne à constituer un treillis simple, les diagonales indiquées par la figure devront être préférées comme étant les plus courtes.

Théoriquement le longeron DE pourrait être tangent à l'arc, mais alors les diagonales du milieu, qui se réduiraient à des éléments du longeron, pourraient être exposées à des efforts trop considérables : aussi convient-il de surélever le longeron en le plaçant à une hauteur $h + a$ au-dessus de la ligne BC des naissances de l'arc. Les deux tronçons du milieu, tracés en ligne ponctuée, n'auront théoriquement jamais aucun effort à supporter; ils existeront cependant en exécution pour entretoiser les montants du milieu, mais il sera utile d'y ménager un assemblage à emboîtement doué d'une mobilité suffisante pour que le sommet A de l'arc puisse aisément s'élever ou s'abaisser sous l'effort de la dilatation.

On fera bien d'observer encore cette précaution alors même qu'il y aurait un panneau plein dans le voisinage du sommet A, ce qui arrivera ordinairement, car, si a n'est pas très-grand, il est difficile de laisser cette partie évidée.

Outre l'addition des tronçons milieux du longeron ou des panneaux pleins, il y aura à tenir compte de divers autres accessoires, couvre-joints, goussets, etc., ainsi que d'excédants de section en vue d'obtenir une rigidité suffisante. Le plus simple sera d'appliquer à l'ensemble de la ferme un coefficient d'augmentation K.

A cause de la symétrie, il suffit de considérer une moitié ABD du système. Les diverses pièces sont numérotées en allant du milieu vers la culée, ainsi qu'il est indiqué sur la figure. On a les *données géométriques* suivantes, l'ouverture étant $2m\delta$:

Longueur du $n^{\text{ème}}$ montant $= a + \frac{n^2}{m^2}h$;

Longueur du $n^{\text{ème}}$ tronçon d'arc $= \frac{1}{m^2}\sqrt{m^4\delta^2 + (2n-1)^2h^2}$;

Longueur de la $n^{\text{ème}}$ diagonale $= \frac{1}{m^2}\sqrt{m^4(a^2+\delta^2) + (n-1)^2h[(n-1)^2h + 2m^2a]}$;

Angle du $n^{\text{ème}}$ tronçon d'arc avec la verticale $\gamma = \text{arc } tg \frac{m^2\delta}{(2n-1)h}$;

Angle de la $n^{\text{ème}}$ diagonale avec l'horizon

$$\alpha = \text{arc sin} \frac{m^2a + (n-1)^2h}{\sqrt{m^4(a^2+\delta^2) + (n-1)^2h[(n-1)^2h + 2m^2a]}}.$$

171. — Etudions d'abord l'effet de la *charge permanente* p par mètre courant de longeron, soit $p\delta$ au droit de chaque montant. Le poids propre de la travée est plus grand dans les parties avoisinant les retombées que dans le milieu, mais on peut ne pas faire attention à ces légères différences, surtout si l'on a soin de forcer un peu la valeur de p.

Or, ainsi qu'on l'a vu dans les poutres cintrées, l'arc de forme parabolique fonctionnera comme polygone funiculaire, c'est-à-dire que les diagonales resteront inactives sous une charge s'étendant sur la longueur entière du pont. Il en sera de même du longeron, ou plutôt il ne servira que comme pièce d'entretoisement. Le tirant de la poutre cintrée est ici remplacé par les réactions horizontales $\frac{m^2p\delta^2}{2h}$ exercées par les culées.

Le $n^{\text{ème}}$ tronçon d'arc supportant un effort égal à $\frac{p\delta}{2h}\sqrt{m^4\delta^2 + (2n-1)^2h^2}$, le poids total de l'arc BAC sera $\frac{Kp\delta t}{h}\left[m^3\delta^2 + (4m^2-1)\frac{h^2}{3m}\right]$, en vertu de la charge morte seule.

Les $2m+1$ montants supporteront tous une compression constante $p\delta$, et leur poids total sera $K(2m+1)p\delta t\left[\frac{m+1}{3m}h+a\right]$.

172. — Soit maintenant une *charge mobile* p' par mètre courant de longeron. Si ce dernier supporte directement la charge, il sera soumis à des efforts de flexion, mais nous les supposerons négligeables; ils seront rigoureusement nuls si la surcharge est appliquée aux montants par l'intermédiaire de pièces de pont.

L'effort du $n^{\text{ème}}$ tronçon d'*arc* aura pour valeur $\frac{m^2M}{(m^2a+n^2h)\sin\gamma}$, M désignant le moment de rupture autour du point H (*fig.* 36). Il faut remarquer que la force horizontale S interviendra dans l'expression de ce moment M.

Pour déterminer le mode de chargement qui rendra M maximum, examinons l'effet d'un poids $p'\delta$ isolé, suivant la position du montant auquel il est appliqué.

Si d'abord le poids $p'\delta$ agit à une distance $k\delta$ de la culée droite E, k étant supposé $<m$, on aura, en vertu de ce poids, pour les composantes de la réaction de la culée B : $Q=\frac{p'k\delta}{2m}$ et $S=\frac{p'k\delta^2}{2h}$. Par suite $M_1=Q\delta(m-n)-$ $-S(h+a)=-\frac{p'k\delta^2(ma+nh)}{2mh}$, valeur négative qui correspondra à une compression du $n^{\text{ème}}$ tronçon d'arc.

Si en second lieu le poids $p'\delta$ se trouve placé à une distance $k'\delta$ de E, k' étant $>m$, mais $<m+n$, on aura pour l'équation des moments autour du sommet A : $Qm\delta=Sh+p'\delta^2(k'-m)$ d'où $S=\frac{p'\delta^2}{2h}(2m-k')$; et par suite $M_2=\frac{p'\delta^2}{2mh}[(m-n)k'h-m(a+h)(2m-k')]$, valeur qui deviendra positive si $k'>\frac{2m^2(a+h)}{(2m-n)h+ma}$.

Enfin si la distance à partir de E est $k''\delta$, k'' étant $>m+n$, on aura $M_3=Q(m-n)\delta-S(h+a)-p'\delta^2(k''-m-n)=\frac{p'\delta^2}{2mh}(nh-ma)(2m-k'',)$ valeur positive en supposant $ma<nh$.

Le moment M pourra donc être soit négatif, soit positif; mais c'est dans le sens négatif qu'il atteindra la plus grande valeur absolue, et cela lorsqu'on chargera tous les montants de la demi-travée droite, plus quelques-uns de ceux de l'autre demi-travée compris entre le milieu et la limite $k'=\frac{2m^2(a+h)}{2mh+ma-nh}$. Ainsi on aura le moment maximum en sommant M_1 pour les valeurs successives, 1, 2, ... m, attribuées à k, et ajoutant à ce premier résultat celui d'une autre sommation analogue effectuée sur M_2 où k' prendra les valeurs comprises entre m et $\frac{2m^2(a+h)}{2mh+ma-nh}$. Ce dernier nombre sera généralement fractionnaire et l'on pourrait le remplacer par la valeur entière la plus voisine, mais il est plus commode de conserver cette limite sans altération, d'autant plus que le dernier montant chargé supportera en réalité toujours un effort inférieur à $p'\delta$.

On obtient ainsi pour le moment de rupture maximum dû à la surcharge :

$$M = -\frac{m^2 p' \delta^2 (a+h)(ma+nh)}{2h(2mh+ma-nh)};$$

et par suite l'effort maximum du $n^{\text{ème}}$ tronçon d'arc sera, en joignant la charge permanente à la surcharge, une compression :

$$\frac{\delta}{2h}\sqrt{m^4\delta^2+(2n-1)^2h^2}\left(p+\frac{m^2p'(a+h)(ma+nh)}{(m^2a+n^2h)(2mh+ma-nh)}\right),$$

et le poids de ce tronçon =

$$\frac{K\delta l}{2h}[m^4\delta^2+(2n-1)^2h^2]\left(\frac{p}{m^2}+\frac{(a+h)(ma+nh)p'}{(m^2a+n^2h)(2mh+ma-nh)}\right),$$

la lettre K désignant le coefficient mentionné au n° 170.

Le tronçon d'arc pourra subir une tension si la compression permanente due à p (171) est inférieure à l'effort maximum de tension que p' puisse produire, M étant alors remplacé par la plus grande valeur positive du moment de rupture. Mais il est inutile de s'occuper de ces tensions qui seront toujours inférieures aux efforts de pression.

173. — L'effort $\frac{m^2M'}{m^2a+n^2h}$ du $n^{\text{ème}}$ tronçon de *longeron* dépend du moment de rupture M' autour du point G, moment qui est nul pour une charge p couvrant tout le pont. Quant à la charge mobile p', les poids $p'\delta$ que l'on peut placer sur la demi-travée droite, y compris celui du milieu, donneront des moments de la forme $(m-n)\left[Q\delta-\frac{m+n}{m^2}Sh\right]$, soit $\frac{-n(m-n)p'k\delta^2}{2m^2}$, qui sont donc tous négatifs et font ensemble $\frac{-n(m-n)(m+1)p'\delta^2}{4m}$. Si l'on considère ensuite un poids $p'\delta$ situé à $k'\delta$ de la culée droite, k' étant comme plus haut compris entre m et $m+n$, ce poids donnera un moment $\frac{(m-n)p'\delta^2}{2m^2}[k'(2m+n)-2m(m+n)]$ qui deviendrait positif si k' excédait la valeur $\frac{2m(m+n)}{2m+n}$. Pour grossir le chiffre précédent, il faut donc ne prendre que les valeurs de k' inférieures à cette limite, en partant de $k'=m+1$, et elles donneront $\frac{n(m-n)(2m+n-mn)p'\delta^2}{4m(2m+n)}$; toutefois cette expression est positive pour $n=1$ et pour $n=2$, ce qui tient à ce qu'alors la limite $\frac{2m(m+n)}{2m+n}$ est inférieure à la première valeur $m+1$ de k'. Mais pour $n>2$, le moment maximum négatif sera $\frac{-n(m^2-n^2)p'\delta^2}{2(2m+n)}$.

D'après ce qui précède, le premier tronçon de longeron pourra supporter un effort maximum $=\frac{m(m^2-1)p'\delta^2}{4(h+m^2a)}$; le second un effort $=\frac{m(m^2-m-2)p'\delta^2}{2(4h+m^2a)}$, et les tronçons subséquents auront leurs efforts maximum donnés par la formule $\frac{m^2n(m^2-n^2)p'\delta^2}{2(2m+n)(m^2a+n^2h)}$. On passera des efforts aux poids en multipliant par δl et par le coefficient K.

En ne prenant, comme nous l'avons fait, que les poids $p'\delta$ qui entrent pour une valeur négative dans le moment de rupture M', le longeron sera soumis à des efforts de tension. Mais une surcharge complémentaire de la première, et placée seule à son tour, produira des compressions exactement égales aux tensions précédentes, puisque sous une charge complète sur toute la longueur les efforts s'annulent. On peut en effet vérifier que le moment de rupture maximum négatif a la même valeur absolue que le moment positif maximum.

174. — Occupons-nous maintenant des *diagonales*. En coupant celle de rang n par un plan vertical, son effort T sera lié à celui du $n^{\text{ème}}$ élément d'arc en vertu de l'équation d'équilibre entre les projections verticales des forces, et l'on aura $T = \frac{1}{\sin\alpha}\left(F + \frac{m^2 M}{(m^2a + n^2h)tg\gamma}\right)$, M étant comme au n° 172 le moment de rupture autour de H (*fig.* 36), et F désignant l'effort tranchant après ce même point; $\sin\alpha$ et $tg\gamma$ se remplaceront par les valeurs données au n° 170, et la recherche du maximum de T revient à rendre maximum une expression de la forme $F + AM$.

Or si d'abord on considère isolément un poids $p'\delta$ situé à $k\delta$ de la culée droite E, k étant inférieur ou égal à m, il donnera :

$$F + AM = \frac{p'k\delta}{2m}\left(1 - \frac{A\delta}{h}(nh + ma)\right) = \frac{p'k\delta[ma(m - 2n + 1) - n(n-1)h]}{2m(m^2a + n^2h)} \ldots \quad [\alpha]$$

expression toujours positive pour la première diagonale, mais qui deviendra négative pour celles dont le rang n sera supérieur à :

$$\frac{1}{2} - \frac{ma}{h} + \sqrt{\frac{m^2a}{h}\left(1 + \frac{a}{h}\right) + \frac{1}{4}}.$$

Un poids $p'\delta$ placé à une distance $k'\delta$ de E, k' étant $> m$ et $< m + n$, donnera :

$$F + AM = \frac{p'\delta}{2m(m^2a + n^2h)}\left\{[m^2a - n(n-1)h]k' + m(2n-1)[2(k' - m)h - (2m - k')a]\right\} \quad [\beta],$$

ce qui sera toujours positif pour les barres satisfaisant à la condition :

$$n < \frac{1}{2} - \frac{ma}{h} + \sqrt{\frac{m^2a}{h}\left(1 + \frac{a}{h}\right) + \frac{1}{4}}.$$

Si enfin on a k'' égal ou supérieur à $m + n$, le poids $p'\delta$ considéré donnera :

$$F + AM = \frac{p'\delta}{2m(m^2a + n^2h)}(2m - k'')[n(n-1)h - m(m + 2n - 1)a] \ldots\ldots \quad [\gamma],$$

valeur qui est positive si n excède la limite :

$$\frac{1}{2} + \frac{ma}{h} + \sqrt{\frac{m^2a}{h}\left(1 + \frac{a}{h}\right) + \frac{1}{4}}.$$

Pour les barres telles que l'on ait :

$$n < \frac{1}{2} - \frac{ma}{h} + \sqrt{\frac{m^2a}{h}\left(1 + \frac{a}{h}\right) + \frac{1}{4}},$$

le maximum de F + AM se calculera en sommant les expressions [α] et [β] entre les limites où elles s'appliquent, c'est-à-dire [α] pour les valeurs $k=1, 2,\dots m$, et [β] pour les valeurs $k'=m+1, m+2,\dots m+n-1$, ce qui donnera :

$$\text{Max. de } (F+AM) = \frac{p'\delta(m-n)(m-n+1)}{4m(m^2a+n^2h)}[-n(n-1)h+m(m+2n-1)a].$$

Les poids appartenant à la formule [γ] donneront une expression identique, mais de signe contraire, de sorte que la compression maximum des diagonales considérées et leur tension maximum auront une même valeur absolue, savoir :

$$T = \frac{p'\delta(m-n)(m-n+1)}{4m(m^2a+n^2h)[m^2a+(n-1)^2h]}[n(n-1)h-m(m+2n-1)a]Z,$$

Z étant le radical $\sqrt{m^4(a^2+\delta^2)+(n-1)^2h[(n-1)^2h+2m^2a]}$.

Pour les diagonales dont le rang n est :

$$> \frac{1}{2}-\frac{ma}{h}+\sqrt{\frac{m^2a}{h}\left(1+\frac{a}{h}\right)+\frac{1}{4}} \text{ et } < \frac{1}{2}+\frac{ma}{h}+\sqrt{\frac{m^2a}{h}\left(1+\frac{a}{h}\right)+\frac{1}{4}},$$

les termes positifs se trouvent exclusivement dans la formule [β], et l'effort max.

$$= \frac{(n-1)p'\delta}{4m(m^2a+n^2h)[m^2a+(n-1)^2h]}\left\{n^2(2m-n+1)h+ma[2m(m+1)-n(3m-2n+1)]\right\}Z,$$

Z ayant la valeur désignée plus haut.

Enfin au delà de la dernière limite, il faudra dans le calcul de F + AM, ajouter les termes donnés par [γ], et écarter une partie de ceux de [β] qui deviendraient négatifs.

On passera de l'expression de l'effort à celle du poids en multipliant par :

$$\frac{Kt}{m^2}\sqrt{m^4(a^2+\delta^2)+(n-1)^2h[(n-1)^2h+2m^2a]}.$$

175. — L'effort du $n^{\text{ème}}$ *montant vertical* sera exprimé par $F'+\frac{(2n-1)h}{(m^2a+n^2h)\delta}M$, formule dont il faut chercher le maximum, M étant toujours le moment de rupture rapporté au point H (*fig.* 36), et F' étant ici l'effort tranchant pris avant ce point. Si comme au numéro précédent on considère l'action d'un poids $p'\delta$ isolé, on verra que ce poids exerce sur les montants des efforts exprimés, suivant les cas, par les formules [α], [β], [γ]. Seulement comme F est remplacé par F', la formule [β] s'étendra à la valeur $k'=m+n$, tandis que la même valeur attribuée à k'' se trouvera exclue de la formule [γ].

Les compressions max. des montants surpasseront toujours les tensions qui pourraient s'y produire, et en tenant compte de la compression permanente $p\delta$, on trouve que les montants dont l'ordre n est inférieur à :

$$\frac{1}{2}-\frac{ma}{h}+\sqrt{\frac{m^2a}{h}\left(1+\frac{a}{h}\right)+\frac{1}{4}}$$

subiront un effort max. égal à :

$$p\delta + \frac{p'\delta}{4m(m^2a + n^2h)} \Big\{ ma[m(m+1)^2 - n(3mn - 2n^2 - m - n + 1)] +$$

$$+ nh[m(m-1) + n(2mn + 3m - m^2 - n^2 + 1)] \Big\}$$

Pour les montants qui suivent, tant que n ne dépassera pas la limite :

$$\frac{1}{2} + \frac{ma}{h} + \sqrt{\frac{m^2a}{h}\left(1 + \frac{a}{h}\right) + \frac{1}{4}},$$

l'effort maximum sera exprimé par :

$$p\delta + \frac{np'\delta}{4m(m^2a + n^2h)} \Big\{ ma[2(m^2 + n^2) - (3m-1)(n-1)] + h[2m(n^2 + 2n - 1) - n(n^2 - 1)] \Big\}.$$

Au reste cette formule peut être approximativement conservée pour les dernières barres, excédant la limite précédente, car les termes de [γ] qui pourraient être à ajouter et ceux de [β] qui seraient à exclure, auront généralement peu d'influence.

De l'effort d'une barre verticale on déduira son poids en multipliant le premier par $\frac{Kt}{m^2}(m^2a + n^2h)$, le coefficient moyen K représentant toujours les accessoires et excédants de section mentionnés au n° 170.

Le montant milieu (n° 0) pèsera $(p + p')K\delta ta$.

176. — **Applications.** — 1° Supposons d'abord $m = 4$ et $a = \frac{h}{8}$.

Le poids de l'arc entier sera

$$\frac{64K\delta^3t}{h}(p + 1{,}0988p') + 5{,}25\,K\delta th(p + 1{,}0312p').$$

L'effort du longeron varie de 0, pour $n = 0$, à $\frac{168}{121} \cdot \frac{p'\delta^2}{h}$ pour $n = 3$. Son poids total sera $19{,}4435\,\frac{p'K\delta^3t}{h}$.

L'effort des diagonales varie de $\frac{5}{8} \cdot \frac{p'\delta}{h}\sqrt{64\delta^2 + h^2}$ pour $n = 1$ à $0{,}0881\,\frac{p'\delta}{h}\sqrt{256\delta^2 + 121h^2}$ pour $n = 4$. Elles pèseront toutes ensemble $21{,}0909\,\frac{p'K\delta^3t}{h} + 2{,}1945.p'K\delta ht$.

Le montant milieu (n° 0) supportera $(p + p')\delta$ et les extrêmes $(n = 4)$ $\delta(p + 1{,}9688\,p')$. Le poids total des montants $= K\delta ht(4{,}875p + 8{,}4453p')$.

En ajoutant toutes les pièces, on trouve pour poids de la ferme entière :

$$(p + p')K\delta t\left[64\,\frac{\delta^2}{h}(1 + 0{,}7321.q) + 10{,}125h(1 + 0{,}5855.q)\right],$$

q désignant le rapport $\frac{p'}{p + p'}$.

177. — 2° Si l'on a $m = 6$ et $a = \frac{h}{8}$, les formules donneront :

$$\text{Poids de l'arc} = 216\,\frac{K\delta^3t}{h}(p + 1{,}0934.p') + 7{,}9444K\delta th(p + 1{,}0384.p').$$

Longeron : Efforts variant de 0 pour $n = 0$ à $1,9741 \frac{p'\delta^2}{h}$ pour $n = 5$.

Poids total $= 65,9843 \frac{p'K\delta^3 t}{h}$.

Diagonales : Efforts de $0,2652 . \frac{p'\delta}{h} \sqrt{20,25 h^2 + 1296 \delta^2}$ pour $n = 1$,

à $0,0555 . \frac{p'\delta}{h} . \sqrt{870,25 h^2 + 1296 \delta^2}$ pour $n = 6$. Poids total $= 46,4382 . \frac{p'K\delta^3 t}{h} + 5,9170 . p'K\delta h t$.

Montants : Efforts de $(p + p')\delta$ à $\delta(p + 2,6389 . p')$, et poids total $= K\delta h t(6,6806 . p + 14,9850 p')$.

Poids de la ferme entière $= (p + p') K\delta t \left[216 \frac{\delta^2}{h}(1 + 0,614\ q) + 14,625 h (1 + 0,9932 . q)\right]$.

178. — 3° Enfin si $m = 8$ et $a = \frac{h}{8}$, on aura :

Poids de l'arc $= 512 \frac{K\delta^3 t}{h}(p + 1,0883 p') + 10,625 K\delta t h(p + 1,0423 p')$;

— du longeron $= 156,5355 \frac{p'K\delta^3 t}{h}$;

— des diagonales $= 84,8877 . \frac{p'K\delta^3 t}{h} + 11,5390 . p'K\delta h t$;

— des montants $= K\delta h t(8,5 p + 23,1953 p')$;

— de la ferme entière $= (p + p') K\delta t \left[512 \frac{\delta^2}{h}(1 + 0,5599 . q) + 19,125 . h(1 + 1,3952 . q)\right]$.

179. — Au lieu de se contenter de diagonales simples comme dans la figure 36, on peut assurer la rigidité des tympans au moyen de *croisillons*. Les calculs pourront alors se faire de deux manières différentes : ou bien en considérant le système comme formé par la juxtaposition de deux réseaux simples qui supporteraient chacun la moitié des charges, les diagonales étant dans ce cas raidies pour pouvoir travailler par compression ; ou bien on regardera le treillis comme travaillant toujours à la manière d'un système simple, en ne comptant comme actives, sous une charge quelconque, que celles des diagonales qui se trouvent sollicitées par tension. Ce dernier mode de résistance rejette toutes les compressions sur les montants et affranchit les diagonales de la condition de raideur, mais il exige qu'on les calcule toutes pour la charge entière, et non pour la demi-charge seulement comme dans l'hypothèse précédente. Il se réaliserait sensiblement si les diagonales étaient des tiges très-flexibles, promptes à se dévier pour se soustraire aux compressions qu'on chercherait à leur faire subir. Ordinairement le mode de résistance effectif participera des deux modes simples qui viennent d'être signalés, et il y aura surcroît de sécurité. Ces considérations sont analogues à celles qui ont été présentées dans les nos 143, 144, 154.

On appliquerait des procédés de calcul analogues à ceux des pages précédentes dans le cas d'une travée où le nombre des intervalles δ compris dans la portée entière serait impair. Si les formules offrent quelque complication lorsqu'on demeure dans les généralités, les calculs seront toujours fort simples dans un cas particulier donné.

180. — Un **pont suspendu rigide** pourra se calculer par les mêmes formules qu'un pont en arc à tympans rigides, moyennant qu'on change

le signe des efforts : le pont suspendu n'est autre chose en effet qu'un pont en arc renversé avec addition de tirants de retenue, mais le sens de la pesanteur ne changeant pas d'une manière absolue aura changé relativement à la figure. Le longeron et les diagonales (si elles sont simples) auront toujours leur effort maximum de compression égal à leur effort maximum de tension, mais l'arc et les tiges verticales travailleront essentiellement par tension, et se maintiendront par leur propre effort dans leur plan de pose ; aussi peut-on se dispenser d'entretoiser et de contreventer entre eux les divers arcs d'une même travée, il suffit que le plancher horizontal soit rendu rigide pour résister au flambage. Les ponts suspendus sont donc, au point de vue du métal seulement, une disposition économique, mais si le pont n'est qu'à une travée, les tirants de retenue peuvent faire relativement un poids additionnel assez considérable, en même temps qu'ils exigent un notable surplus de maçonnerie pour les puits d'amarrage.

CHAPITRE XV

POIDS DU MÈTRE COURANT DE PONTS DE CHEMINS DE FER A DEUX VOIES.

181. — **Cas de hauteur disponible limitée.** — Lorsque l'épaisseur disponible entre le dessous des poutres et le niveau des rails est restreinte, on adopte le système des poutres en garde-corps, qui passe au système tubulaire dans les grandes portées.

A. Ponts à trois poutres chargés à la partie inférieure. — Si l'épaisseur disponible, bien que limitée, permet cependant de donner aux pièces de pont une hauteur de $0^m,70$ ou $0^m,80$, ces pièces jointes aux longerons feront un poids d'environ 640 kil. par mètre courant de tablier à deux voies, les écartements étant compris entre 3 et 5 mètres. En effet :

Avec $3^m,00$ d'écartement et $0^m,70$ de hauteur, on aurait...............	Entretoises = 375^k, longerons = 265^k. Total = 640^k ;
Et avec $5^m,00$ d'écartement et $0^m,80$ de hauteur, on aurait............	Entretoises = 250^k, longerons = 385^k. Total = 635^k.

Pour les portées de 30 mètres et au delà, on ajoutera un contreventement horizontal pesant de 80 à 100^k par mètre de tablier, et alors le total des pièces autres que les poutres principales s'élèvera à 720 ou 740^k.

Si la hauteur des poutres dépasse 5 mètres, on passera au *système tubulaire*, en ajoutant des entretoises supérieures comptées pour 90 à 100^k (*fig.* XIV, *pl.* 2), et un contreventement supérieur compté pour 70 à 90^k. Le total montera à 880 ou 930 kil. suivant la portée. Les entretoises supérieures n'augmentent que peu avec la portée, parce que, si on les renforce dans un grand pont, on peut en revanche en augmenter l'espacement.

Les poutres de rive ne supportent qu'une demi-voie, et ne devront jamais travailler à plus de 6 kil. par mill. carré ; mais la poutre médiane pourra supporter la charge entière d'une voie dans le cas du croisement de deux trains sur le pont, circonstance exceptionnelle où l'effort peut sans inconvénient être élevé à $7^k,50$, d'autant plus que les surcharges admises (34) se rapportent à des trains d'épreuve très-lourds. Alors, dans le cas ordinaire du passage d'un seul train, la poutre médiane n'atteindra pas le travail de 6 kil. — En vertu de cette augmentation de R, le poids de la poutre, ou du moins la partie fonction de t, sera réduit aux $\frac{4}{5}$; ou ce qui revient au même, t aura la valeur 0,00104, au lieu de 0,0013. Si la hauteur n'est pas changée, on gagnera même encore quelque chose par le fait que l'allégement de la poutre diminue d'autant la charge qu'elle supporte.

Les poutres en garde-corps sont mal maintenues si leur hauteur s'élève beaucoup, sans cependant être assez grande pour permettre un entretoisement supérieur. Il convient donc d'éviter des hauteurs comprises entre $3^m,50$ et 5 mètres. Par exemple, si la hauteur la plus favorable théoriquement était de 4 mètres ou au-dessous, on la réduirait à environ $3^m,30$; si elle était supérieure à 4 mètres, on l'élèverait à $5^m,30$ pour passer au système tubulaire. — Cependant on pourra quelquefois, si l'épaisseur disponible le permet, relever les entretoises ainsi que l'indique la figure XXIX, *pl.* 6, pour un pont à deux poutres, et l'on peut alors sans inconvénient conserver les hauteurs calculées.

182. — Le tableau XII^A, donne des poids de ponts à trois poutres calculés d'après les indications précédentes. On a ajouté une somme à valoir de $\frac{1}{10}$, pour tenir compte de l'imprévu. En multipliant les poids du mètre courant de longueur totale par 1,045, on obtient les poids par mètre courant de portée (37), inscrits dans la dernière colonne. En multipliant ces derniers par 1,05, ou immédiatement ceux de la colonne précédente par 1,0973, on obtiendrait les poids par mètre courant d'ouverture libre entre culées.

Dans le cas des treillis multiples, on suppose que les poutres de rive sont à demi-montants placés sur la face intérieure de la paroi, et qu'elles peuvent s'évaluer par une moyenne entre les poids des n°s 117 et 118, au moins lorsque la hauteur adoptée ne diffère pas trop de celle de 0,11 l qu'on avait admise dans les numéros cités. Quant à la poutre médiane, elle sera à montants complets et treillis plat s'il n'y a pas d'entretoisement supérieur ; si le pont est tubulaire, elle sera au contraire à treillis rigide et sans montants.

Avec les poutres cintrées, l'entretoisement supérieur ne règne que sur les parties où la hauteur est suffisante, de sorte que son poids moyen est moindre que dans les ponts droits. Mais dans les grandes portées cette économie diminue, et est compensée par la nécessité d'établir des contre-fiches ou croix de Saint-André formant contreventement vertical. Les poids inscrits dans le tableau tiennent compte de ces circonstances.

183. — Si l'épaisseur disponible est très-limitée, on ne sera pas libre de donner aux pièces de pont les hauteurs supposées au n° 281. Si par exemple on est obligé de restreindre cette hauteur à $0^m,35$, comme il est indiqué dans la figure IX, *pl.* 2, le poids des entretoises inférieures et des longerons s'élèvera à 960 kil. par mètre de tablier, au lieu de 640. Il faudra donc augmenter de 320 kil. les nombres de la cinquième colonne du tableau XII^A, de 350 ceux de la suivante, et enfin de 370 ceux de la septième ou dernière colonne.

La gêne de hauteur pourrait devenir plus impérieuse encore, et exiger des dispositions plus coûteuses, telles que celle de la figure VIII, *pl.* 2. Dans ces cas d'épaisseur très-réduite, il faut forcément adopter le système à trois poutres; car celui à deux poutres, que nous allons examiner, ne permet pas d'abaisser autant la hauteur des entretoises.

184. — *B. Ponts à deux poutres chargés à la partie inférieure.* — Lorsque les entretoises porteuses peuvent avoir une bonne hauteur, on comptera en moyenne pour leur poids, joint à celui des longerons, 750 kil. par mètre courant de tablier. En effet :

Avec 3^m d'écartem. et $1^m,00$ de hauteur, on a......................	Entretoises = 530^k, longerons = 240. Total = 770;
Avec 4^m d'écartem. et $1^m,00$ de hauteur, on a......................	Entretoises = 410^k, longerons = 320. Total = 730; (*Fig.* XIII, pl. 2.)
Avec 4^m d'écartem. et $0^m,80$ de hauteur, on a......................	Entretoises = 425^k, longerons = 320. Total = 745; (*Fig.* XXVII, pl. 5.)
Avec 5^m d'écartem. et $1^m,00$ de hauteur, on a......................	Entretoises = 340^k, longerons = 360. Total = 700.

A partir de 30 mètres de portée, on ajoutera un contreventement horizontal estimé à 60 ou 80 kil. — Total = 810 à 830, suivant la portée.

Quand le pont devient *tubulaire*, on ajoute 170^k pour entretoises supérieures et 70 pour contreventement horizontal supérieur; dans les grandes portées ces pièces sont renforcées, et au besoin on ajouterait des contrevents verticaux, mais aussi l'écartement des entretoises peut être augmenté. Nous compterons, pour toutes les pièces autres que les poutres principales, 1 050 à 1 100 kil. suivant que la portée varie de 40 à 80 mètres.

Avec les poutres cintrées, la liaison supérieure n'existe que sur une fraction de la longueur, mais cette fraction augmente avec la portée, en même temps que le contreventement vertical acquiert plus d'importance : aussi les pièces secondaires finissent-elles par peser autant qu'avec des poutres droites, dans les grandes portées.

Lorsqu'il n'y aura qu'un seul train sur le pont, la poutre la plus fatiguée ne supportera qu'environ les $\frac{3}{4}$ de la surcharge entière d'une voie, et on peut la faire travailler dans cette circonstance à 6 kil., attendu que dans l'hypothèse exceptionnelle où les deux voies seraient simultanément occupées par des trains lourds, l'effort maximum restera toujours inférieur à $7^k,50$. — Le poids des poutres pourra en général s'évaluer rapidement par des interpolations. Par exemple pour une poutre à âme pleine, de

20 mètres de portée, on peut compter $p = 1\,800^k$ (compris 500^k pour le poids propre de la poutre), $p' = \frac{3}{4}$ de voie $= 3750$, total $p + p' = 5\,550^k$; or le tableau du n° 129 donne 370^k pour une poutre portant un rail, et dont la charge était évaluée à $3\,600^k$, — et 570^k pour poids d'une poutre portant voie entière, et pour laquelle on avait supposé $p + p' = 7\,000$. L'interpolation donnera pour le cas actuel $370 + 200 \cdot \frac{5\,550 - 3\,600}{7\,000 - 3\,600} = 485^k$. La hauteur, interpolée de même entre $1^m,70$ et $2^m,25$, serait d'environ $2^m,00$. Dans les cas où la hauteur ainsi trouvée devrait être notablement modifiée pour éviter qu'elle ne tombe entre $3^m,60$ et $5^m,60$ (afin de ne pas adopter des poutres en garde-corps trop peu stables si l'on ne peut pas relever les entretoises comme dans la figure XXIX, *pl.* 6, on calculerait directement le poids par les formules, avec des valeurs convenables de U et V.

Le tableau XII[b] donne des poids approximatifs de ponts à deux poutres établis dans les hypothèses qui viennent d'être indiquées. Les treillis multiples sont supposés à demi-montants, ce qui permet d'exécuter en fers à nervures saillantes l'un des systèmes de barres à 45°.

185. — Dans le cas où, par suite de la gêne d'épaisseur disponible, on voudrait abaisser à $0^m,60$ par exemple la hauteur des pièces de pont, il faudrait augmenter d'une constante égale à environ 300 kil. les nombres de la troisième colonne du tableau XII[b] (poids des pièces autres que les poutres principales). La colonne suivante, comprenant une somme à valoir de $\frac{1}{10}$, augmenterait de 330^k; enfin les poids de la dernière colonne seraient élevés de 345 kil.

186. — **Cas de hauteur disponible illimitée.** — Lorsqu'on n'est nullement gêné pour la hauteur, on n'en peut pas moins toujours adopter l'un des systèmes précédents, mais on a aussi la faculté de placer les poutres entièrement au-dessous du niveau des rails, ce qui donne naissance à d'autres types que nous allons examiner. On les préférera si on les trouve plus économiques, et l'on peut déjà remarquer qu'ils sont avantageux au point de vue des maçonneries, en ce qu'ils abaissent le plan de calage. Ce fait que l'assise de calage est éloignée du plan d'ébranlement peut paraître fâcheux pour la stabilité, mais on y remédie d'une manière suffisante par l'office des contrevents verticaux, surtout de ceux qui sont placés au-dessus des appuis.

187. — *C. Ponts à quatre poutres sous rails.* — D'après les figures I et II de la planche 1, en admettant des espacements de 3 mètres entre les pans d'entretoisement, on peut compter de 260 à 345 kil., par mètre de tablier, pour les pièces autres que les poutres principales et le contreventement horizontal, suivant que la hauteur des poutres va de $1^m,50$ à 4 mètres; — soit de 300 à 400 kil., contreventement horizontal compris.

Les poutres portent chacune un rail, et leur poids se trouve tout calculé, suivant leur mode de construction, dans les tableaux des n°s 92, 105, 106, 117, 118, 129, 133.

Le tableau XII^c donne les poids du mètre courant de ponts à quatre poutres pour des portées de 20 à 50 mètres, car ce système ne sera en tout cas jamais employé pour de très-grandes portées.

188. — *D. Ponts à trois poutres sous rails.* — D'après les figures III et IV (1re disposition) de la planche 1, les pièces autres que les poutres principales et le contreventement horizontal feront de 460 à 620 kil., suivant que la hauteur des poutres variera de 2 à 5 mètres. Ainsi que dans le cas précédent, la largeur résistante du tablier n'excédant guère 5 mètres, il convient de placer un contreventement horizontal dès 20 mètres de portée; en l'estimant de 40 à 60 kil., on aura en total 500 à 680 kil. pour des hauteurs de 2 à 5 mètres.

A partir de 50 mètres de portée, il est préférable d'augmenter l'écartement des poutres de rive, en adoptant la deuxième disposition de la figure IV (poutres en garde-roue): on comptera alors de $830 + 70 = 900^k$ pour pont de 50 mètres, à 1 100 kil. pour pont de 80 mètres.

Chaque poutre se calculera pour une charge permanente p égale à son propre poids par mètre courant, augmenté de 700 à 900 kil. Quant à p', on l'évaluera, pour une poutre de rive, à $\frac{7}{5}$ de rail si l'entr'axe est de 5 mètres (1re disposition), et à $\frac{7}{6}$ de rail si les poutres sont en garde-roue (2e disposition de la figure IV). Pour la poutre médiane, p' sera respectivement, dans les mêmes cas, égal à $\frac{6}{5}$ ou à $\frac{5}{3}$ de rail, les deux voies étant surchargées simultanément par des trains d'épreuve ; pour ce cas exceptionnel on pourra élever R à $7^k,50$ ou réduire t à 0,00104, car alors l'effort maximum restera toujours inférieur à 6 kil. par millimètre carré dans le cas ordinaire d'une seule voie surchargée, où p' sera réduit de moitié.

Rigoureusement on pourrait donner des hauteurs différentes à la poutre médiane et aux poutres de rive, mais l'avantage de cette complication serait trop minime.

Le tableau XII^D fournit des poids approximatifs pour les ponts construits dans ce système.

189. — *E. Ponts à deux poutres sous rails.* — La figure V, *pl.* 1, donnerait 560 kil. par mètre, pour les pièces autres que les poutres principales, y compris 60 kil. pour le contreventement horizontal, la hauteur des poutres étant $2^m,50$. — Avec 3 mètres de hauteur, et en prenant la disposition de la figure VI, *pl.* 1, on peut compter 600 kil. Enfin la figure XXXII, *pl.* 7, donnerait 660 kil., la hauteur des poutres étant $4^m,50$.

Avec ce premier type, où l'entr'axe des poutres est de 5 mètres, nous adopterons de 550 à 700 kil., suivant que la hauteur des poutres va de 2 à 5 mètres.

Au delà de 40 mètres de portée, il vaudra mieux élargir le tablier résistant en adoptant des poutres en garde-roue, comme il est indiqué dans la figure VII, *pl.* 2. On peut alors compter, pour les pièces autres que les poutres principales, de 800 à 1 000 kil., contreventement horizontal compris, suivant que la hauteur des poutres varie de 4 à 9 mètres.

Chaque poutre se calcule pour un effort R=6 kil. par millim. carré, en prenant pour p le poids propre de la poutre augmenté de 1 000 à 1200 kil., suivant la portée, et pour p' la charge de 1,70 ou de 1,55 de rail, selon que l'entr'axe est de 5 mètres ou de 6^m,40 (poutres en garde-roue). Ces valeurs se rapportent au cas d'une voie unique surchargée; mais dans celui du croisement de deux trains d'épreuve sur le pont, R ne dépassera pas 7 kil.

Le tableau XIIE donne des poids de ponts à deux poutres, par mètre courant, augmentés toujours d'une somme à valoir de $\frac{1}{10}$.

Dans tous les systèmes de ponts chargés à la partie supérieure, on peut se dispenser d'armer les poutres de montants verticaux.

190. — **Comparaison des divers systèmes.** — La comparaison ressort immédiatement de l'examen des tableaux XII^A, XII , XII^C, XII^D et XIIE. On y voit l'avantage qu'il y a à réduire à deux le nombre des poutres, surtout dans le cas des grandes portées. Mais quand l'épaisseur disponible est limitée au minimum absolu, le type à trois poutres (tableau XII^A) devient seul possible. Quand la hauteur est illimitée, le pont à deux poutres et à charge supérieure (tableau XIIE) est préférable au pont à deux poutres avec charge à la partie inférieure (tableau XII^B); mais dans les grandes portées ce dernier système sera généralement plus avantageux que ceux à quatre et à trois poutres des tableaux XII^C et XII^D.

Quant au mode de construction des poutres considérées en elles-mêmes, l'âme pleine est le système le plus coûteux; puis viennent les poutres à treillis multiple, à triangles, à croisillons, et enfin les poutres cintrées à croisillons. Toutefois, dans les ponts à deux poutres chargées à la partie inférieure (tableau XII^B), la forme cintrée n'offre qu'un avantage de poids insignifiant sur la forme droite à croisillons, et elle est d'ailleurs d'une exécution plus compliquée. Comparée à une poutre droite en treillis multiple, elle reprend un certain avantage : par exemple pour un pont de 60 mètres à deux poutres, elle procurerait une économie totale d'environ 44 tonnes ; mais encore si l'on établissait une différence de prix, et que par exemple le pont à poutres cintrées dût être payé 0 fr. 70 par kil., tandis que celui à poutres droites le serait à 0 fr. 60, l'économie se réduirait à 4 000 fr.

Pour rendre les comparaisons plus saisissantes, on pourrait représenter graphiquement les poids donnés par les tableaux.

191. — **Observation.** — En faisant usage des tableaux, on ne doit pas perdre de vue les hypothèses qui ont servi de base aux calculs. Ainsi il n'y a pas à s'étonner que le pont représenté par la figure XXVII, *pl.* 5, pèse 4 335 kil. par mètre, tandis que le tableau XII conduirait à un poids moindre : cela vient de ce que nous avions calculé cet ouvrage pour une charge plus forte, en supposant que R ne devait jamais excéder 6 kil., pas même dans le cas exceptionnel des deux voies surchargées simultanément. — Il en est de même à l'égard du pont tubulaire à deux poutres en triangles de la figure XXVI, *pl.* 4 : calculé pour $p+p'=7\,000$, la portée étant 56 mètres, le poids d'une poutre s'est trouvé atteindre 1 300 kil. par mètre, tan-

dis qu'en interpolant dans le tableau XII" on ne l'estimerait qu'à 1 080 kil.; mais c'est que, d'après les hypothèses de ce tableau, la surcharge considérée pour le travail de 6 kil. n'est que de $\frac{3}{4}$ de voie, et en outre la charge permanente réduite à sa juste valeur, en tenant compte de l'allégement de la poutre, est de 400 à 500 kil. plus faible que la valeur largement comptée au n° 89. Et en effet, si l'on multiplie le chiffre 1 300 kil. par le rapport des charges admises, soit environ $\frac{5\,550}{7\,000}$, on obtient 1 030 kil., ce qui n'atteint pas tout à fait la donnée du tableau. Dans le même pont, le métré avait donné aussi un poids un peu plus grand pour le tablier, parce que les entretoises avaient été réduites à une hauteur de 0m,70.

191 *bis.* — Les ponts de 10 mètres de portée et au-dessous ont toujours des poutres à âme pleine, forme plus simple et avantageuse pour les faibles hauteurs. Ces petits ouvrages laissent en général peu d'indécision sur les meilleures dispositions à adopter, et les projets tout faits abondent. Dans le cas de faible épaisseur disponible, on peut donner aux poutres la forme de cuves, si la portée n'excède pas 5 ou 6 mètres. Au delà on adopterait le système à trois poutres, avec longerons en cuve ou à double té. Enfin, quand la hauteur le permet, on peut prendre le type à quatre poutres porteuses, une sous chaque rail, avec entretoisements très-légers.

Si l'épaisseur disponible est illimitée, il suffit de compter de 600 à 1 200 kil. (garde-corps compris) pour le poids d'un tablier à deux voies, par mètre courant de portée, selon que celle-ci varie de 3 à 10 mètres. Dans le cas de gêne de hauteur, on porterait respectivement ces chiffres à 1 000 et 2 000 kil., si l'on n'a besoin que d'un simple aperçu de la dépense.

CHAPITRE XVI

POIDS DU MÈTRE COURANT DE PONTS-ROUTES.

192. — La planche 3 donne divers types de tabliers pour routes ordinaires, avec l'indication du poids des pièces autres que les poutres principales. Celles-ci s'évalueront à part, d'après la portée, et avec les charges indiquées au n° 35 et complétées par l'addition du poids propre de la poutre.

Lorsqu'il y a des jambes de force ou contre-fiches, comme dans les figures XVII, XX et XXIII, il faut avoir soin de tenir compte de l'augmentation de poids qu'elles occasionnent quand la hauteur augmente. Par exemple, pour le dernier de ces trois types, on pourra admettre que le poids des pièces autres que les poutres principales est représenté par $720 + 50h$, h étant la hauteur des poutres.

Pour les types XVI, XIX et XXII, applicables à de faibles portées, on adoptera des poutres à âme pleine de $0^m,70$ à 1 mètre de hauteur; les joints de l'âme seront à grands espacements, il n'y en aura même qu'un seul pour des portées de 10 mètres; les nervures verticales consisteront en de simples cornières servant à attacher les entretoises et les consoles. — Pour les autres types, il y aura avantage à employer des poutres à treillis multiple, ou mieux à simples croisillons; ces poutres devront en général être pourvues de montants pour servir à attacher les entretoises ou les consoles, mais souvent il suffira de donner à ces nervures verticales une faible section; on a vu au chapitre X que dans les poutres à treillis multiple il est avantageux de se contenter de demi-montants, quand cela est possible, afin qu'au moins l'un des systèmes de barres obliques puisse être exécuté en fers à nervures saillantes.

Dans les types à trois poutres, la poutre médiane est plus chargée que celles de rive, et, lorsque rien ne s'y oppose, on fera bien de lui donner aussi plus de hauteur; cela est facile dans le cas des poutres en garde-corps; lorsque la hauteur est illimitée, comme dans la figure XXIII par exemple, on pourrait placer la plaque de calage de la poutre médiane à un niveau plus bas que celles des poutres de rive. C'est surtout dans le type de la figure XXIV que la différence de charge des poutres est grande : lorsque le pont est tubulaire, on pourrait cintrer les entretoises supérieures en surélevant la poutre du milieu.

Le tableau XIII donne quelques estimations générales de poids pour routes de 6, 10 et 14 mètres de largeur totale, et pour des portées de 10 à 50 mètres.

Dans les grandes portées on pourra réaliser des économies assez considérables en diminuant la charge permanente par la suppression de l'empierrement. Cela serait d'autant mieux motivé que les trépidations sont bien moins à craindre que dans les ponts de chemins de fer, où la charge mobile est animée de vitesses plus considérables, et où le rapport q a ordinairement des valeurs voisines de 0,60, tandis que dans un pont-route où la charge d'empierrement serait réglée sur une épaisseur moyenne de $0^m,20$, ainsi qu'on l'a supposé au n° 35, q resterait dans le voisinage de 0,40. En tout cas, si l'on maintient l'empierrement, on voit que les contreventements auront beaucoup moins d'importance dans un pont de route ordinaire que dans un pont de chemin de fer.

CHAPITRE XVII

PONTS A PLUSIEURS TRAVÉES.

193. — Lorsqu'une poutre continue repose sur plusieurs appuis, et supporte une charge uniformément répartie dans une même travée, mais pou-

vant varier d'une travée à l'autre, on sait que le lieu des moments de rupture, dans une travée quelconque où la charge est p_n par mètre courant, sera toujours une parabole à axe vertical, ayant pour paramètre $\frac{1}{p_n}$, et dont la position sera déterminée par la condition de passer par les sommets des ordonnées qui, élevées sur les appuis limitant la travée considérée, représenteront les moments fléchissants au droit de ces appuis. Ainsi pour la travée AB de la figure 37, la longueur étant l_n, la charge par mètre p_n, les moments fléchissants sur les appuis A et B étant μ_{n-1} et μ_n, on aura pour le moment variable au point M, dont l'abscisse est x à partir de A, l'expression :

$$\mu = -\frac{p_n x^2}{2} + \left(\frac{p_n l_n^2}{2} + \mu_n - \mu_{n-1}\right)\frac{x}{l_n} + \mu_{n-1};$$

et l'effort tranchant au même point sera la dérivée :

$$F = -p_n x + \frac{p_n l_n}{2} + \frac{\mu_n - \mu_{n-1}}{l_n}.$$

194. — Les moments de rupture sur les appuis dépendent des circonstances où se trouvent placées les autres travées, et se calculent par la formule de Clapeyron dont la démonstration se trouve dans les ouvrages de MM. Bélanger et Bresse, et que nous nous bornerons à rappeler : c'est la relation ci-après, qui lie entre eux les moments fléchissants μ_{n-1}, μ_n, μ_{n+1}, sur trois appuis consécutifs (v. fig. 37) :

$$\mu_{n-1} l_n + 2\mu_n(l_n + l_{n+1}) + \mu_{n+1} l_{n+1} + \frac{1}{4}(p_n l_n^3 + p_{n+1} l^3_{n+1}) = 0.$$

En appliquant cette relation à chaque groupe de deux travées consécutives, on aura $m-1$ équations (m étant le nombre des travées du pont) entre les $m-1$ moments fléchissants sur les piles, ceux sur les culées étant nuls. On écrit immédiatement ces équations sous forme numérique avec les portées et les charges données, et l'on effectue la résolution ; puis les moments sur les appuis étant tous connus et représentés par des ordonnées à une échelle convenue, on n'a plus qu'à appliquer sur l'épure les gabarits paraboliques relatifs à chaque travée, en tenant leurs axes verticaux. On construit ainsi le lieu géométrique des moments de rupture sur tout le pont, non-seulement pour un mode particulier de chargement, mais pour tous ceux que l'on croit capables de fatiguer au maximum certaines parties de la poutre. Pour un projet déterminé il suffit de construire deux gabarits paraboliques, l'un pour le poids mort seul, qui est supposé constant sur toute la longueur du pont, au moins quand les longueurs des travées ne diffèrent pas trop les unes des autres ; et l'autre pour la charge totale maximum, comprenant le poids mort et le poids roulant.

Les divers lieux ainsi tracés s'entrecoupent en certains points, et l'on ne fait usage que du contour enveloppant, c'est-à-dire des portions de courbes donnant les ordonnées maxima en valeur absolue. — Dans le calcul des ponts à plusieurs travées, on se dispense de considérer les cas où la surcharge n'affecterait que des portions de travée.

La formule de Clapeyron est établie dans l'hypothèse où le moment d'inertie de la poutre reste constant sur toute sa longueur. Cette condition ne se trouve presque jamais remplie, parce qu'on fait varier l'épaisseur des tables pour économiser la matière. Néanmoins on regarde en général les calculs faits dans l'hypothèse d'une section constante comme s'appliquant encore avec une approximation suffisante au cas où la section varie. Il est alors prudent de ne pas trop réduire l'épaisseur minimum des tables, ce qui, dans les estimations de poids, reviendra à forcer un peu le coefficient U.

195. — Dans le cas particulier de deux travées égales chacune à l, et chargées respectivement de p_1 et p_2 par mètre courant, le moment fléchissant sur la pile sera $-\frac{(p_1+p_2)l^2}{16}$.

Dans le cas de trois travées l_1, l_2, l_3, dont les charges respectives sont p_1, p_2, p_3, on a pour les moments μ_1 et μ_2 sur la première et la seconde pile :

$$\mu_1 = -\frac{2p_1 l_1^3(l_2+l_3)+p_2 l_2^3(l_2+2l_3)-p_3 l_2 l_3^3}{16\left[l_1(l_2+l_3)+l_2\left(\frac{3}{4}l_2+l_3\right)\right]} \text{ et } \mu_2 = -\frac{p_2 l_2^3+p_3 l_3^3-4l_2\mu_1}{8(l_2+l_3)}.$$

Dans un pont où les travées sont nombreuses, la charge de l'une d'elles influe notablement sur celles qui lui sont contiguës, mais fort peu sur les autres. Aussi pourrait-on, avec une approximation suffisante, étudier successivement chaque travée en ne tenant compte que des deux voisines, et supprimant toutes les autres ; on restreindrait ainsi les calculs à ceux de ponts à trois travées.

196. — Selon la remarque faite au n° 84, le poids des tables d'une poutre est proportionnel à l'ordonnée moyenne G du lieu des moments de rupture maximum en valeur absolue, et la paroi verticale dépend généralement de l'ordonnée moyenne G′ du lieu des efforts tranchants. Nous allons donc donner les valeurs de G et G′ applicables à des ponts à plusieurs travées, et à l'aide desquelles l'évaluation du poids des poutres s'effectuera sans difficulté comme dans le cas d'une travée unique.

Considérons d'abord un *pont de longueur illimitée, composé d'un nombre infini de travées égales.* Soient l la longueur de chaque travée, p la charge permanente par mètre courant et p' la surcharge mobile.

La charge p produira à elle seule, dans une travée quelconque, des moments de rupture représentés par la parabole $\mu = \frac{-p}{2}\left(\frac{l^2}{6} - lx + x^2\right)$; sur les appuis ($x=0$ et $x=l$) le moment est $-\frac{pl^2}{12}$, il est nul à l'abscisse $0{,}211\,l$, et prend avec un signe contraire la valeur $\frac{pl^2}{24}$ au milieu de la portée. Cette parabole est identique, quant à la forme, à celle que l'on aurait pour un pont à travée unique, mais elle s'est relevée de telle manière que le segment qui reste au-dessous de l'axe des x est équivalent à la somme des deux segments situés au-dessus de cet axe et ayant la forme de triangles dont un côté est curviligne. Ce relèvement de la parabole, dû à l'encastrement que produit la continuité de la poutre au delà des appuis, n'intéresse que les plates-bandes dont il diminue le poids, mais n'influe en rien sur la paroi verticale.

Quant à la surcharge p', si on l'applique d'abord exclusivement à la travée considérée AB (*fig.* 38), elle donnera sur les appuis A et B des moments fléchissants égaux à $-0,0528p'l^2$, que nous portons au-dessus de l'axe des x, et qui détermineront la position de la parabole de paramètre $\frac{1}{p'}$, ayant pour équation $\mu' = \frac{p'x}{2}(l-x) - 0,0528p'l^2$. Si maintenant, comme seconde épreuve, on applique la surcharge p', non plus sur AB, mais seulement sur la travée contiguë à gauche de A, le moment sur A conservera la même valeur, celui au droit de l'appui B prendra la valeur $+0,0141p'l^2$, et une droite joignant les sommets des ordonnées aux appuis, et ayant pour équation $\mu'' = 0,0669p'lx - 0,0528p'l^2$, représentera les moments fléchissants engendrés dans la travée considérée. Enfin si l'on considère encore le cas où la travée AB et la précédente sont simultanément surchargées, à l'exclusion de toutes les autres, les moments sur A et B seront respectivement $-0,1056p'l^2$ et $-0,0387p'l^2$, et le lieu des moments intermédiaires dus à p' sera la parabole $\mu''' = -\frac{p'x^2}{2} + 0,5669p'lx - 0,1056p'l^2$. — Les moments maximum en valeur absolue seront donnés par les portions de courbes tracées en lignes pleines sur la figure, c'est-à-dire par μ''' entre les limites $x=0$ et $x=0,12l$, par μ'' entre $x=0,12l$ et $0,235l$, enfin au delà jusqu'au milieu par μ'. Sur la seconde demi-travée on reproduira symétriquement les mêmes branches de courbes.

Si on ajoute le moment dû au poids mort p, comme il change de signe à l'abscisse $0,211\,l$, ce sera en un point compris entre $x=0,211\,l$ et $x=0,235l$, valeurs du reste peu différentes, que le moment positif résultant commencera à l'emporter sur le négatif, et qu'on devra abandonner μ'' pour μ'.

L'aire comprise entre l'axe des x et le lieu des moments maximum absolus est égale à $l^3(0,0160p + 0,0296p')$ pour la demi-travée, et en divisant par $\frac{l}{2}$ on obtient l'ordonnée réduite

$$G = l^2(0,032p + 0,059p') = 0,032(p + p')l^2(1 + 0,844q).$$

Quant à l'effort tranchant maximum, il correspond, sur toute la travée, à μ''' qui donne par dérivation $F''' = \frac{d\mu'''}{dx} = -p'x + 0,5669p'l$. En ajoutant l'effort tranchant dû à la charge permanente p, on trouve que l'ordonnée réduite des efforts tranchants limites a pour valeur

$$G' = l(0,25p + 0,3169p') = 0,25(p + p')l(1 + 0,268q).$$

197. — Dans les cas ordinaires où le poids moyen du mètre courant de poutre peut s'exprimer par des formules de la forme AG + BG' + C, on substituera pour G et G' les valeurs trouvées ci-dessus, et pour A, B, C, les quantités applicables au système de poutre adopté et déterminé comme dans les ponts à travée unique.

Mais pour de simples évaluations approximatives, il peut être plus commode de tirer parti des résultats tout faits que nous avons donnés pour les ponts à travée unique, et à cet effet il faudrait connaître la portée d'un pont à simple travée dont le poids moyen par mètre courant équivaudrait à celui du pont à plusieurs travées considéré.

Or dans le cas d'une travée unique de portée l', l'ordonnée moyenne des moments de rupture limites est $G_1 = \frac{1}{12}(p+p')l'^2$, et celle des efforts tranchants $G'_1 = \frac{1}{4}(p+p')l'(1+\frac{1}{6}q)$. Ainsi pour le pont de longueur illimitée considéré au numéro précédent, on posera, en supposant que le terme C, d'ailleurs toujours faible, reste constant :

$$0{,}032\,Al^2(1+0{,}844.q)+0{,}25\,Bl(1+0{,}268.q)=\frac{1}{12}A'l'^2+\frac{1}{4}B'l'\left(1+\frac{1}{6}q\right),$$

ou

$$l'^2+3\left(1+\frac{1}{6}q\right)\frac{B'}{A'}.\,l'-0{,}384(1+0{,}844.q)\frac{Al^2}{A'}-3(1+0{,}268.q)\frac{Bl}{A'}=0,$$

équation d'où l'on tirera la portée l' du pont auxiliaire.

198. — Supposons le cas de poutres à treillis multiple à 45° raidi par des montants spéciaux. On aura $A=\frac{2Ut}{h}$ et $B=B'=2t$. Si l'on prend $h=\frac{l}{10}$ et $U=1{,}25$, et qu'on conserve ces valeurs pour le pont auxiliaire, de sorte qu'on ait $A=A'$, si enfin on prend $q=0{,}60$, valeur qui sera généralement assez approchée, on obtiendra $l'=0{,}803\,l$. Ainsi, dans ces conditions, le poids du mètre courant d'un pont à travées nombreuses sera sensiblement le même que celui d'une travée unique égale en longueur aux 0,8 de l'une des travées du pont considéré, et ayant des poutres de même hauteur.

Par exemple, si le pont de longueur illimitée est composé de travées de 40 mètres, on aura $l'=32$ mètres. Or, en interpolant dans les tableaux donnés pour le cas de travée unique, on peut estimer à 2 300 kil., le poids du mètre courant d'un pont de 32 mètres, à deux poutres en treillis de 3m,85 de hauteur et placées au-dessous des rails, si l'on suppose par ex. que la hauteur disponible soit illimitée (tableau XIIe). Comme cette hauteur 3,85 diffère peu de celle de 4 mètres supposée par le calcul précédent, on admettra que le poids de 2 300 kil., par mètre courant de portée, est applicable au pont illimité considéré.

199. — Dans un *pont à deux travées* égales chacune à l, si l'on part d'une culée prise pour origine des x, le moment maximum en valeur absolue sera d'abord donné par l'hypothèse où la travée considérée porte seule la charge complète $p+p'$ par mètre, tandis que la seconde est réduite à la charge permanente p. Ce moment est alors exprimé par l'équation $\mu=\frac{1}{16}(6p+7p')lx-\frac{1}{2}(p+p')x^2$. A partir de $x=\frac{3}{4}l$, il faut au contraire ne surcharger que la seconde travée, et l'on a l'équation
$\mu=\frac{1}{16}(-6p+p')lx+\frac{1}{2}px^2$. Enfin de $x=\frac{7}{8}l$ à $x=l$ on a, les deux tra-

vées étant surchargées, $\mu = \frac{1}{8}(p + p')(4x - 3l)x$. En faisant la quadrature de l'aire du lieu des moments limites et divisant le résultat par l, on obtient l'ordonnée réduite des moments,

$$G = l^2(0{,}0495p + 0{,}0702p') = 0{,}0495(p + p')l^2(1 + 0{,}418 \,.\, q).$$

Pour l'effort tranchant, l'ordonnée réduite sera

$$G' = l(0{,}2656p + 0{,}2910p') = 0{,}2656(p + p')l(1 + 0{,}096 \,.\, q).$$

Avec les hypothèses du numéro précédent, on trouverait pour portée du pont auxiliaire de même poids par mètre $l' = 0{,}883l$, valeur qu'il sera bon d'élever à 0,90 l par exemple, parce que dans un pont à deux travées on augmenterait sensiblement G' si, au lieu de se borner à des hypothèses de surcharge complète par travée, on considérait de plus des surcharges ne régnant que sur une partie quelconque de la poutre. Cette considération perd de son importance à mesure que le nombre des travées augmente, parce qu'alors les hypothèses diverses de surcharge devenant plus nombreuses offrent des circonstances plus variées. — Dans certains cas deux travées indépendantes en bow-strings pourront être plusavantageuses que deux travées continues à poutres droites.

200. — Dans un *pont à trois travées égales*, si l est la longueur d'une c, la demi-longueur du pont sera $L = \frac{3}{2}l$, et l'on aura :

$$G = L^2(0{,}0201p + 0{,}0319p') = 0{,}0201(p + p')L^2(1 + 0{,}589 \,.\, q) = 0{,}0452(p + p')l^2(1 + 0{,}589 \,.\, q);$$
$$G' = 0{,}1711L(p + p')L(1 + 0{,}188 \,.\, q) = 0{,}2567(p + p')l(1 + 0{,}188 \,.\, q).$$

Avec les mêmes données que pour les cas précédents, on trouve $l' = 0{,}881 \,.\, l$.

201.—Dans un *pont à trois travées*, si l'on suppose que celle du milieu soit égale aux ^{5} d'une travée extrême, on réalisera une légère économie sur la disposition à travées égales, car L désignant toujours la demi-longueur du pont (= 1,625 fois une travée extrême), on aura

$$G = L^2(0{,}0188p + 0{,}0308p') \text{ et } G' = 0{,}1749(p + p')L(1 + 0{,}180 \,.\, q).$$

202. — Pour un *pont à quatre travées égales*, l étant la longueur d'une travée, on aura :

$$G = l^2(0{,}0415p + 0{,}0693p') = 0{,}0415(p + p')l^2(1 + 0{,}67 \,.\, q)$$

$$G' = l(0{,}256p + 0{,}31p') = 0{,}256(p + p')l(1 + 0{,}22 \,.\, q).$$

Avec les mêmes données adoptées précédemment (n° 198) pour des poutres à treillis multiple, on aurait ici $l' = 0{,}865l$.

203. — Pour des *ponts de plus de quatre travées*, le poids par mètre courant sera le même que pour un pont à travée unique qui aurait une portée intermédiaire entre les valeurs de l' calculées pour le cas de quatre travées et pour celui d'un nombre illimité de travées. Par exemple pour cinq travées, avec les mêmes hypothèses que précédemment, on pourrait prendre $l' = 0{,}85l$.

203 *bis*. — Pour des évaluations aussi exactes que possible, on calculera directement le poids des poutres par des formules où G et G' auront les valeurs données ci-dessus suivant le nombre des travées. En général des poutres reposant sur plusieurs appuis seront ou à treillis multiple ou à croisillons. Dans le premier cas, on aura pour poids moyen du mètre courant de poutre sans montants intermédiaires :

$$\frac{P}{l}=\frac{2lU}{h}G+(1+V)lG'+\frac{1}{2}(p+p')lh+\frac{60h^2}{l}+\Omega.$$

S'il y a des montants écartés de δ, on ajoutera un terme $\frac{15h^2}{\delta}$, en supposant qu'on adopte les sections de la figure 30.

Pour une poutre à croisillons, n'ayant de montants que sur les appuis, on aura la formule approximative suivante, plus générale que celles des nos 97 et 99 :

$$\frac{P}{l}=\frac{2lU}{h}G+\frac{1}{2}(1+V)\left(\frac{Nh}{l}+\frac{l}{Nh}\right)lG'+\frac{1}{4}(1+V)(p+p')lh+\Omega.$$

N désigne le nombre de croisillons compris dans une travée l. S'il y a des montants intermédiaires, on en tiendra compte pour un terme $\frac{rNh}{l}$ comme il est dit au n° 100, r étant le poids du mètre de montant.

La continuité des poutres d'une travée à l'autre ayant pour effet d'alléger les tables, tandis qu'elle tend à augmenter légèrement la paroi verticale, on devra adopter des hauteurs plus faibles que dans les ponts à travée unique. En général le rapport de la hauteur des poutres à la longueur d'une travée n'excédera pas $\frac{1}{10}$.

204. — Les ponts à plusieurs travées continues sont toujours à poutres droites. A la vérité, il serait possible de trouver certaines formes théoriquement plus avantageuses, de même que, pour la travée unique, le bowstring offrait de l'économie sur la poutre droite. Mais ce ne serait là qu'une étude curieuse, ces formes étant trop compliquées pour être facilement exécutables, et n'offrant pas assez d'avantage pour qu'on cherchât à surmonter ces difficultés. Toutefois ce qu'il est toujours facile de faire si on le juge convenable, c'est de terminer en demi-bow-string les travées extrêmes, quel que soit le nombre des travées.

CHAPITRE XVIII

APPENDICE RELATIF AUX VIADUCS EN MAÇONNERIE.

205. — Les ponts en tôle permettent d'obtenir des débouchés plus considérables que n'en peuvent offrir des ouvrages en maçonnerie; et

encore, quand cette condition de débouché n'intervient pas, ils présentent en général de l'avantage au point de vue de la dépense et de la rapidité d'exécution. En revanche, les viaducs en maçonnerie offrent de plus grandes garanties de durée, et n'exigent presque pas d'entretien. Dans le cas où les fondations sont difficiles, l'ouvrage métallique pourra être préféré comme étant moins lourd et conduisant à l'adoption de plus grandes ouvertures.

Le choix à faire entre les constructions métalliques et celles en maçonnerie est donc un problème complexe, et souvent pour le décider, il faudra se rendre compte approximativement du prix de revient des deux systèmes. Nous avons donné les moyens d'évaluer les tabliers en fer ; les culées et les piles qui les supporteront, ayant des formes généralement très-simples, peuvent être métrés très-rapidement, en négligeant au besoin les détails secondaires. Quant aux viaducs en maçonnerie, nous donnons ci-après des résultats de métrés appliqués à des types très-simples qui se trouvent représentés par les figures XXXVI, *pl.* 8.

Ces types ont une largeur constante de 7^{m},80 entre les têtes, largeur suffisante pour un chemin de fer à deux voies, en supposant un garde-corps en fer. Le parement des tympans est vertical. Les piles sont pleines; elles n'ont nulle part de retraites, mais en revanche leur fruit est assez fort, savoir 0,035 dans la coupe longitudinale, et 0,05 en vue transversale. La liaison des maçonneries est augmentée par des assises continues de 0^{m},40 en pierre de taille, au nombre d'une par chaque 4 ou 5 mètres de hauteur de pile. Tous les angles saillants sont garnis de chaînes en pierre de taille. Quand les piles s'élèvent beaucoup, elles sont entretoisées par des arceaux en arc de cercle, dont l'épaisseur entre têtes varie de 3^{m},50 à 4^{m},50 suivant la grandeur des arches, et dont la plinthe se trouve placée à 20 mètres au-dessous des naissances des voûtes principales ; au besoin on ajoute un deuxième rang d'arceaux à 40 mètres sous les naissances.

Nous considérons deux séries de types, les uns sans piles-culées, les autres avec piles-culées de cinq en cinq arches. Ces piles-culées sont alors constituées de deux demi-piles ordinaires adossées à un massif central dont l'épaisseur est supposée constante dans toute la hauteur pour simplifier, et varie de 1^{m},60 à 2^{m},50, suivant la grandeur des arches. Dans l'élévation transversale, ce massif central forme des contre-forts saillants.

206. — Le tableau n° XIV donne les cubes de maçonneries et les surfaces de parement et de chape par mètre courant de viaduc : H désigne la hauteur totale du viaduc, du sol au sommet du couronnement ; V_8, V_{10}, V_{12}, V_{15}, V_{20} indiquent que les voûtes ont 8, 10, 12, 15 ou 20 mètres d'ouverture ; un astérisque simple signifie qu'il y a un rang d'arceaux d'entretoisement, et un astérisque double qu'il y a double rang d'arceaux. — Dans le calcul du rapport de la surface vide à la surface totale, on a attribué aux arceaux d'entretoisement, non leur surface vue réelle, mais une surface réduite à une largeur de 8 mètres entre têtes, c'est-à-dire obtenue en divisant leur cube par 8.

Ces tableaux peuvent être utilisés alors même que le sol n'est pas horizontal, pourvu qu'il ne soit pas trop accidenté, car alors on décompose le viaduc en portions successives sur chacune desquelles H puisse être regardé comme à peu près constant.

On suppose que les prix de maçonneries tiendront compte des frais d'échafaudages et de cintres. Le garde-corps est facile à évaluer. Quant aux autres accessoires, tels qu'armatures, en fer, fondations en rivière s'il y a lieu, etc., on en tiendra compte au moyen d'une somme à valoir.

Les tableaux montrent qu'à partir de 25 ou 30 mètres de hauteur, les grandes voûtes sont plus avantageuses que les petites. Mais alors les cintres seront plus dispendieux, et la durée d'exécution sera généralement augmentée.

Le cube total des maçonneries comprises au-dessus des naissances, pour un entr'axe, est de 146, 205, 280, 405 ou 650 mètres cubes suivant que les voûtes sont de 8, 10, 12, 15 ou 20 mètres. Dans ces cubes, la proportion de pierre de taille varie de $\frac{1}{7}$ du cube total, dans les petites voûtes, à $\frac{1}{12}$ dans les grandes ; les moellons de parement, ayant une queue moyenne de $0^m,40$ dans les voûtes et de $0^m,35$ aux tympans, varient entre $\frac{1}{3}$ et $\frac{1}{4,5}$ du cube total. La surface de parement de taille varie entre 3,5 et 3,3 fois le nombre qui exprime le cube de la pierre de taille.

Si on considère l'ensemble de l'ouvrage, abstraction faite des fondations, le cube de la pierre de taille varie du $\frac{1}{6}$ au $\frac{1}{9}$ du cube total, les moellons de parement du $\frac{1}{3,3}$ au $\frac{1}{6}$; et la surface de parement de taille va de 3,1 à 1,9 fois le cube de la pierre de taille.

FIN

TABLE DES MATIÈRES

FIN DE LA TABLE DES MATIÈRES.

CORBEIL. — Typ., Stér. et Galv. de CRÉTÉ.

CORBEIL, TYPOGRAPHIE DE CRÉTÉ.

www.ingramcontent.com/pod-product-compliance
Ingram Content Group UK Ltd.
Pitfield, Milton Keynes, MK11 3LW, UK
UKHW022107190726
13855UKWH00002B/708

9 782013 052108